ÉTUDES HISTORIQUES SUR LE FOREZ

HISTOIRE

DE LA

BARONNIE DE CORNILLON

NOTES ET DOCUMENTS

SUR SAINT-PAUL-EN-CORNILLON — FIRMINY — CHAZEAU
FRAISSES — UNIEUX — CALOIRE, ETC.

PAR

L'Abbé J. PRAJOUX

De la Société historique du Forez
Membre correspondant de la Société littéraire de Lyon

Saint-Etienne
CHEVALIER
LIBRAIRE
4, Rue Gérentet, 4

Lyon
LOUIS BRUN
LIBRAIRIE ANCIENNE
13, Rue du Plat, 13

MDCCCC

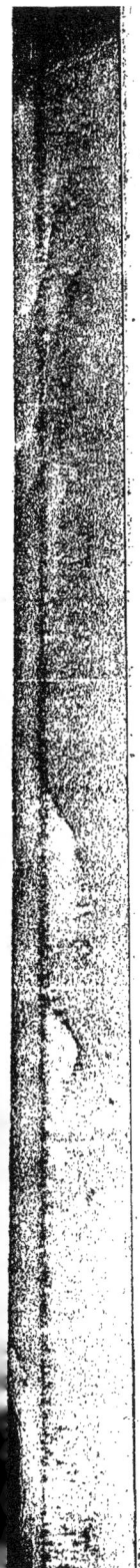

HISTOIRE

DE LA

BARONNIE DE CORNILLON

DU MÊME AUTEUR

NOTES ET DOCUMENTS SUR PARIGNY
(Roanne, 1890). — *Epuisé*.

NOTES ET DOCUMENTS SUR VENDRANGES
(Roanne, 1891). — *Epuisé*.

NOTES ET DOCUMENTS
SUR SAINT-CYR-DE-FAVIÈRES ET L'HÔPITAL
(Roanne, 1892).

LE CANTON DE SAINT-JUST-EN-CHEVALET
*Recherches historiques
sur Saint-Just-en-Chevalet, Saint-Romain-d'Urfé,
Champoly, Saint-Marcel-d'Urfé, Juré,
Cremeaux, Cherier et Saint-Priest-la-Prugne.*
(Roanne, 1893).

ESSAI HISTORIQUE
SUR LE TERRITOIRE DE ROANNE
(Roanne, 1894).

LES ANCIENS LOGIS ET HOSTELLERIES DE ROANNE
(Roanne, 1895). — *Epuisé*.

LE PRIEURÉ DE BEAULIEU-EN-ROANNAIS
(Lyon, Mougin-Ruzand, 1896).

NOTES ET DOCUMENTS SUR BULLY
(Roanne, 1896).

NOTES ET DOCUMENTS SUR CHAMBLES
(Saint-Etienne, 1897).

EXCURSIONS DANS LES GORGES DE LA SEMÈNE
(Saint-Etienne, 1898).

NOTES ET DOCUMENTS
SUR SAINT-MAURICE-EN-GOURGOIS
(Saint-Etienne, 1899).

ÉTUDES HISTORIQUES SUR LE FOREZ

HISTOIRE

DE LA

BARONNIE DE CORNILLON

NOTES ET DOCUMENTS

SUR SAINT-PAUL-EN-CORNILLON — FIRMINY — CHAZEAU
FRAISSES — UNIEUX — CALOIRE, ETC.

PAR

L'Abbé J. PRAJOUX

De la Société historique du Forez
Membre correspondant de la Société littéraire de Lyon

SAINT-ÉTIENNE
CHEVALIER
LIBRAIRE
4, Rue Gérentet, 4

LYON
LOUIS BRUN
LIBRAIRIE ANCIENNE
13, Rue du Plat, 13

MDCCCC

AVERTISSEMENT

---※---

Dans son ouvrage : « Chronique des châteaux et des abbayes du Forez », *La Tour-Varan a publié un long roman historique, à la mode de son temps, dont il place la scène à Cornillon. Cette œuvre d'imagination est suivie d'une courte notice sur les seigneurs de Cornillon et de quelques documents extraits du* Cartulaire de la baronnie (1).

Nous avons emprunté à cet auteur le cadre de sa première partie. Quant aux documents qu'il a publiés, nous avons dû, avant de les utiliser, en contrôler soigneusement le texte. Des recherches longues et minutieuses faites dans nos grands fonds publics, nous ont permis de collationner quelques-unes de ces pièces sur les originaux ; pour les

---

(1) Ce qu'on est convenu d'appeler « Cartulaire de Cornillon », sur lequel ont été faits les travaux publiés jusqu'à ce jour, n'est qu'une copie faite au XVIII⁰ siècle par un scribe ignorant. Il ne renferme, d'ailleurs, que quelques pièces importantes des riches archives de la baronnie. Nos recherches pour les découvrir ont été vaines.

sont ceux de Cornillon, dont la situation merveilleuse-
ment propre à être fortifiée, dut attirer de bonne heure
l'attention des peuplades gauloises ; de Fraisses, de la
Triollière et de *Quéret* (commune de Saint-Victor-sur-
Loire). A ces endroits, dont les noms d'origine gallo-
romaine trahissent une haute antiquité, il faut ajouter
ceux de l'*Hôpital*, de *Saint-Paul* et de Chazeau, qui étaient
connus comme groupements d'habitations au début de
l'époque médiévale. En effet, le Mas de l'Hôpital est
mentionné dans un document antérieur au XIII⁰ siècle ;
Saint-Paul était un petit prieuré bénédictin, fondé par les
seigneurs de Cornillon de la maison de Lavieu, antérieurement au XII⁰ siècle. Quant à Chazeau, qui n'était
qu'une réunion de huttes au milieu des bois, les mêmes
seigneurs y avaient établi de bonne heure un petit châtelet
qui leur servait de rendez-vous de chasse.

Non loin de là, du côté de *Saint-Just-en-Velay*, la
limite de la baronnie était formée par une voie romaine
fréquemment citée dans les documents anciens sous les
noms de *grand chemin public*, d'*ancien chemin ferré* et
même de *voie antique*. Sur cette route se trouvait un de
ces refuges ou hospices, comme nos pères avaient coutume
d'en élever autrefois sur les chemins publics pour servir
d'abri aux voyageurs, aux vagabonds et quelquefois même
aux malades atteints de maladie contagieuse et auxquels,
pour cette raison, l'accès des villes et bourgs était
interdit. S'il faut en croire les actes du temps, ce refuge
serait fort ancien, car les documents des XIII⁰ et XIV⁰ siècles,
qui en font mention, l'appellent *Vieil Infirmerie* et nous

apprennent qu'il était situé auprès d'une fontaine renommée pour la pureté de ses eaux. Plus tard, on construisit dans le voisinage une chapelle qui fut placée sous le vocable de saint Antoine, dont le culte fut, dans la suite, transféré dans l'église paroissiale de Cornillon.

La majeure partie des terres de la baronnie étaient occupées par d'immenses forêts souvent citées dans les terriers sous le nom de bois *des Peyrats*, de l'*Ambroisier*, des *Rives*, des *Frênes* (Fraisses), de *Marlet*, de *Quéret* et du *Fayn*.

Telle était la topographie du territoire de Cornillon au début de l'époque historique.

Notre étude sur la terre féodale de Cornillon s'est naturellement divisée en deux parties : la première renferme la vie et l'administration des seigneurs qui l'ont successivement possédée ; la seconde contient une esquisse historique sur les différentes paroisses de son territoire, Cornillon, Saint-Paul, Chazeau, Fraisses, Unieux et Çaloire.

HISTOIRE

DE LA

BARONNIE DE CORNILLON

PREMIÈRE PARTIE

Le Château et les Seigneurs.

Le château de Cornillon dresse ses hautes murailles au sommet d'un rocher au profil bizarre, situé à l'extrémité méridionale de la terre sur laquelle il exerçait sa suzeraineté. Du côté de l'Ouest, la Loire ronge le rocher sur lequel il s'élève et forme à ses pieds un gouffre profond. Au Midi, le petit ravin des *Brunets*, étroit, mais escarpé, sépare Cornillon des cimes dentelées du *Fayn* : cette séparation est si nette et si tranchée qu'elle semble produite par une déchirure violente de la nature. A l'Est, le rocher forme un petit plateau légèrement surélevé, occupé en entier par le château et ses dépendances immédiates. Au Nord, le ravin de *Verdine* qui descend brusquement vers la Loire, le sépare des berges qui enserrent le fleuve de ce côté. Comme cette partie de la forteresse féodale était la plus accessible, elle était aussi la mieux défendue. En effet, une épaisse et haute muraille crénelée protégeait la place. Elle était percée d'une large porte ogivale connue dans les documents sous le nom de *Porte des Chars*, probablement parce que c'était la seule qui pût donner passage aux chariots du temps. Cette porte était surmontée d'un petit édicule carré destiné à en défendre les abords.

Après avoir franchi cette première muraille, on arrivait dans une vaste cour appelée *Vingtain*, parce que c'était là que les habitants avaient coutume de déposer les redevances en nature dues aux seigneurs, et que la principale de ces redevances, celle des blés, se payait à Cornillon à la vingtième gerbe, c'est-à-dire que la vingtième gerbe comptée, la vingt et unième revenait au seigneur. Cette cour occupait l'espace compris entre la première et la seconde enceinte, formée de ce côté par l'église et le château, réunie par une haute muraille crénelée. La grande porte ogivale du château donnait seule accès autrefois dans cette seconde enceinte. Elle était surmontée de pièces de bois en encorbellement soutenant, d'un côté, des mâchicoulis qui permettaient d'en interdire l'approche, et de l'autre une galerie continuant le chemin de ronde qui reliait le château à l'église, car, à cette époque lointaine, l'église faisait partie du système de fortification de la place et contribuait à sa défense.

Cette seconde cour, dite *cour basse*, s'étendait jusqu'à la porte même du château dont les murailles forment la troisième enceinte. Toutefois, cette porte franchie, on n'était pas encore dans le cœur de la place, car, après elle, on trouvait un long couloir voûté suivi d'une cour rectangulaire protégée d'un côté par le château, et de l'autre par une muraille fortifiée. De là, il fallait s'engager dans un obscur couloir pour arriver à la petite cour intérieure sur laquelle s'ouvrent les portes donnant accès aux appartements.

Quant au donjon, situé au delà du château, sur un rocher à pic, au-dessus de la Loire, il formait une forteresse à part dans laquelle les défenseurs pouvaient trouver un dernier refuge. Il est difficile aujourd'hui de le rétablir dans son état primitif, car ce qu'il en reste actuellement provient d'une reconstruction faite au XVᵉ siècle par Jean de Laire. Il est vraisemblable cependant que le puits de forme ovoïde, qui mettait le donjon en communication directe avec le château, appartient à une époque plus reculée.

La baronnie de Cornillon fut possédée successivement par les (maisons) de Lavieu, de Beaudiner, de Crussol, de Laire, de Lévis-Ventadour, de Fay et de Nérestang, puis au XVIIᵉ et au XVIIIᵉ siècle, par des familles d'origine bourgeoise.

I

Aussi haut que les documents nous permettent de remonter dans la nuit des temps, nous trouvons la seigneurie de Cornillon entre les mains d'un membre de la maison de Lavieu (1). Cette famille, possessionnée dans le haut Forez, vit tous ses biens confisqués par le comte de Forez, son suzerain, à la suite d'un crime commis par un de ses membres. Papon, qui en emprunte le récit à un manuscrit ancien, aujourd'hui perdu, nous le raconte en ces termes :

« Certain comte de Forez — celui qui le premier a narré le fait a omis son nom, — aimait éperdument la femme du vicomte de Lavieu, son vassal, jeune et belle entre toutes. Or, pendant que, pour honnête cause, son mari était absent, le comte se rendit auprès d'elle et lui fit violence. Indignée de cet outrage, mais

---

(1) L'origine de cette famille de Lavieu est restée fort obscure. Des actes des XIᵉ et XIIᵉ siècles lui donnent pour nom patronymique celui de Ronins ; une branche portait celui de Palatin. Vers 1150, deux seigneurs désignés par ces noms font avec Willelme de Lavieu et Guillaume de Saint-Bonnet une donation au prieuré de *Joursey*.

redoutant surtout la fureur de son mari, qu'elle savait très chatouilleux sur l'honneur, la malheureuse chercha dans le deuil un refuge, quitta ses parures, fit quitter les leurs à ses gens, dépouilla de tout ce qui les ornait sa maison et son lit et fit mettre à la place les signes accoutumés du deuil. Ce fut dans cet état que, les yeux remplis de larmes pudiques, elle se jeta aux genoux de son mari quand il revint. A cette vue, le vicomte, au plus haut point ému, s'enquit des raisons de ce deuil, et lorsqu'il les eut apprises, il dit à sa femme de se tenir en paix, qu'il lui suffisait que son cœur fût demeuré innocent, et, sur-le-champ, formant à la hâte un plan de vengeance, il prend ses armes et s'en va trouver son suzerain. Arrivé à Montbrison, dans le palais du comte, dont le personnel était très nombreux, il se compose un visage, salue tout ce qu'il rencontre de connaissances et feint d'avoir à dire au maître quelque chose de pressé et d'important. Les gardes l'introduisent et il aborde le comte encore au lit ; les sentinelles, jugeant à son air qu'il vient pour une communication pressée, s'éloignent discrètement et il égorge le comte endormi. Et pour que les gens de la maison le voyant sortir à la hâte ne soupçonnent rien, il s'arrête quelque temps dans la chambre, réfléchissant au moyen d'en sortir et d'empêcher les autres d'y entrer. Puis il sort à la hâte sans exciter de soupçons, disant à ceux qu'il rencontre que le comte s'est rendormi en recommandant de ne faire aucun bruit et en lui enjoignant à lui-même d'exécuter au plus vite ce dont il l'avait chargé. On lui amène le cheval le plus rapide, qu'il avait eu soin de choisir et il s'échappe. C'est ainsi qu'il put exécuter ce remarquable coup d'audace qui exigeait tant de courage et de célérité avec une lucidité d'esprit que ne vinrent troubler ni la fureur de la vengeance, ni la gravité de l'outrage, ni aucune imprudence. »

Poursuivi pour cet acte de vengeance, le vicomte de Lavieu, incapable de résister aux troupes de Forez, se jeta dans la partie montagneuse du pays appelé le Jarez, dont les châteaux-forts étaient entre les mains des membres de sa famille (1).

Pour faciliter sa défense, il en augmenta le nombre ; mais on ignore si celui de Cornillon existait déjà avant cette époque ou s'il fut construit dans ce but.

En ne nous citant pas la date du fait que nous venons de raconter, les chroniqueurs ne nous permettent pas de fixer l'époque de sa construction. Toutefois, la disposition et les détails d'ornementation de ses salles basses, — les plus anciennes qu'il renferme, — nous autorisent à affirmer qu'il est antérieur au XIe siècle.

La maison de Lavieu fournit à Cornillon ses premiers seigneurs. Dans la seconde moitié du XIIe siècle, un membre de la maison de Jarez, héritière de celle de Lavieu par alliance, porta le fief de Cornillon à une famille originaire du Velay, appelée Beaudiner.

1. — Guillaume de Beaudiner, le premier seigneur de cette famille que nous connaissions, vivait au début du XIIIe siècle.

L'acte le plus important de son administration, est la concession qu'il fit aux habitants de Cornillon et de Saint-Paul-en-Cornillon, d'une charte de franchises et de privilèges. Moyennant une somme assez forte et une redevance annuelle, Guillaume donnait aux habitants de ses terres le droit de s'administrer eux-mêmes dans certaines conditions déterminées. Cette charte renferme des clauses curieuses et intéressantes, qui nous font connaître la vie des habitants des campagnes à cette époque.

---

(1) Selon la plupart des auteurs, la famille de Lavieu descendait des anciens vicomtes héréditaires de Lyon et vint probablement s'établir dans le Forez lorsque ces comtes transportèrent le siège de leur fief dans cette province. Un seigneur nommé Gaucerand de Lavieu, le premier de ce nom, approuve, vers 1090, une donation faite par Guillaume, probablement son frère.

Le fait que nous avons raconté paraît s'être passé dans les premières années du XIIe siècle, vers 1107. Or, à cette époque, les membres de la famille de Lavieu possédaient les châteaux de *Saint-Chamond*, d'*Yzeron*, *Chamousset*, *Doizieu* et plusieurs autres du *Jarez*.

Charte des privilèges et franchises de Cornillon et Saint-Paul (1).

Comme tout échappe à la connaissance humaine, à cause de la brièveté de la vie, et qu'il est bon de conserver la mémoire des actions intéressantes par de bons écrits, munis de toute l'authenticité possible ; c'est pourquoi, chose soit notoire à tous présents et à venir, que noble Guillaume, seigneur de Beaudiner, a ordonné que sa ville de Cornillon serait libre et franche, et a juré qu'il garderait inviolablement la franchise et liberté de ladite ville ; a présentement ledit seigneur Guillaume, prêté le serment de prendre fait et cause en toute occasion, pour l'utilité et commodité de ladite ville franche, de défendre et conserver fermement lesd. libertés.

Or, la franchise et liberté consistent en ce que ledit messire Guillaume a pour lui et ses successeurs, abandonné et supprimé toute espèce de taille..... et impôt qu'il avait coutume de lever annuellement dans ladite ville de Cornillon et en la ville de Saint-Paul, moyennant cependant que tous les hommes sujets et justiciables les plus aisés ayant feu et *conduit*, s'ils ne sont chevaliers ou nobles, sont tenus et obligés de payer tous les ans audit seigneur Guillaume et à ses héritiers trois mesures de froment et une d'avoine à la mesure de Cornillon et douze deniers forts de Lyon ; pour les autres, qu'ils payent ce qu'ils tiennent dudit seigneur.

Lesdits sujets sont en outre tenus de clore, garder et fidèlement guetter et conserver ledit château de Cornillon.

Plus, de suivre ledit seigneur dans ses chevauchées (2) seulement et non dans celles des autres, s'ils n'y consentent volontairement. Et ledit seigneur ne peut ni ne doit les obliger à aller aux chevauchées d'autrui.

Plus, lesdits sujets qui ont des bœufs et vaches, chevaux, ânes et autres bêtes de somme qu'ils pourraient avoir au lieu de bœufs, doivent, deux fois par an, en prêter audit seigneur lorsqu'ils en seront requis par lui ou par ses envoyés.

Les mêmes sujets qui ont des bœufs ou bêtes de somme sont

---

(1) Le mouvement communal commence en Forez au début du xiii° siècle. Le comte de Forez donna l'exemple à ses vassaux en concédant en 1223 une charte de franchises et privilèges aux habitants de *Montbrison*. Les habitants de *Crozet* en obtinrent une en 1236. La charte de Cornillon, concédée en 1240, est la troisième de celles qui furent accordées en Forez.

(2) Ce droit consistait dans l'obligation où étaient les vassaux et les serfs de suivre leur seigneur dans ses expéditions.

ncore tenus de faire personnellement les affaires dudit seigneur de
Cornillon, tous les ans, pendant trois jours, si mieux ils n'aiment
payer audit seigneur trois deniers forts pour chaque jour.

Pour les autres qui n'ont ni bœufs ni bêtes de somme, ils ont la
même obligation pendant trois jours de l'année, si mieux n'aiment
payer trois deniers forts pour chaque jour.

Lesdits sujets devront encore dans la ville de Cornillon, avec
avis et conseil dudit seigneur, lever annuellement la vingtième de
blé et de vin qu'ils doivent reporter dans les granges et celliers
dudit château, comme il paraîtra expédient auxdits seigneurs et
sujets ; et ledit seigneur ne pourra prendre ni avoir ladite vingtième
sans le consentement desdits sujets (1).

Plus, le seigneur peut toucher une amende de sept sols et demi
seulement pour batterie avec effusion de sang, lorsque l'on a porté
à plainte au juge.

Plus, pour une batterie sans effusion de sang, le seigneur doit
avoir trois sols et demi d'amende, si elle a été suivie d'une plainte,
et pour ladite batterie, le blessé doit avoir satisfaction par la main
du maire et des consuls de la ville alors en place.

Si quelqu'un est convaincu d'avoir volé de jour ou de nuit
quelques effets dans ladite ville, ledit seigneur doit avoir soixante
sols d'amende et peut faire couper au coupable un pied ou une
oreille (2).

Si quelques-uns ont volé dans les jardins ou dans les vignes de
Cornillon, des branches ou des fruits des arbres, ils doivent au
seigneur trois sols et demi pour le ban (3) et bénéfice, et doivent
satisfaire à chaque plaignant par la main des maires et consuls ; si
cependant le larcin a été commis pendant la nuit, ils doivent sept
sols et demi au seigneur.

Si un homme de guerre frappe quelque habitant du poing ou de la

---

1) L'endroit où se déposaient les gerbes dues au seigneur est désigné dans
documents sous le nom de *vingtain* ; il est placé entre la porte des chars
la grande porte du château.

2) On voit dans la charte de *Saint-Bonnet-le-Château*, concédée en 1272, que
dans le cas de vol le coupable pouvait racheter l'amende à laquelle il était
condamné par l'extraction d'une dent.

3) On appelait *ban* l'autorisation que donnait le seigneur de commencer
semailles, moissons, vendanges, etc. Il était interdit de commencer ces
travaux avant que la proclamation publique de l'autorisation seigneuriale
été faite.

2

paume de la main, il doit payer soixante sols au seigneur et satisfaire à l'offensé, à l'arbitrage des maires et consuls (1).

Semblablement, si quelqu'un frappe un autre d'un coup de pierre
ou d'épée, quoiqu'il n'en meure point, il doit soixante sols au
seigneur.

Si quelqu'un frappe un soldat ou lui dit des injures, il sera puni
à la volonté du seigneur.

Pendant le mois d'aoust, personne ne doit vendre du vin à cause
du seigneur de Beaudiner et pendant ce mois ledit seigneur peut
vendre son vin un denier plus que les autres ne vendaient le leur (2).

Plus, si un bœuf, un âne, ou tout autre quadrupède est trouvé
dans le vignoble fermé et privilégié du seigneur, le seigneur peut
prendre et lever cinq deniers pour chaque animal pris en délit.

Si quelqu'un est convaincu d'adultère, ce qui peut se prouver ou
par témoins, ou si l'on trouve un homme et une femme nuds et une
partie des habits de l'un et de l'autre épars dans le même lit, ou si
l'on trouve dans une chambre une femme avec un homme suspect,
les portes fermées ; alors ils seront remis entre les mains du
seigneur de Beaudiner qui, pour punition de leur crime, les fera
courir nuds dans la ville, à moins qu'ils ne rachètent cette course, le
tout à la volonté du seigneur.

Plus, les homicides et les voleurs doivent être remis à la disposition du seigneur et ne point demeurer dans la ville, ni au pouvoir des habitants (3).

Si une fille a été connue par un homme marié, elle doit être
conduite à la femme offensée ou à l'arbitrage des gens mariés ;
mais s'il y a plainte publique, elle sera à la disposition du seigneur
pour punir le crime.

Il est dû au seigneur soixante sols pour les fausses mesures.

Tous les habitants de ville franche (Cornillon) sont tenus de

---

(1) Cette concession n'était pas inutile à une époque où les hommes d'armes
en prenaient à leur aise avec les habitants des campagnes. La charte d'ailleurs
semble prévoir le cas où l'homme de guerre frapperait avec la main revêtue
de son gantelet de fer.

(2) Le seigneur se réservait ce droit afin d'écouler le vin de l'année au
moment où il était le plus cher et sur les prévisions probables de la récolte
prochaine.

(3) En Forez, l'homicide ne pouvait se racheter, le meurtrier était puni à la
volonté du seigneur ; il ne pouvait même séjourner dans la ville sans l'autorisation des consuls. Cette disposition est commune aux chartes de *Saint-
Haon-le-Châtel*, de *Crozet*, de *Saint-Germain-Laval*, de *Villerez* et de
Cornillon.

faire cuire leur pain au four banal de Cornillon, et ils sont tenus de payer un droit de fournage audit seigneur par celui qui cuit vingt-quatre miches ou tourteaux de pain audit four, et le seigneur, de son côté, doit avoir un four banal suffisant et fournir le bois nécessaire pour la cuisson.

Ledit seigneur doit pareillement retirer dudit four, chaque semaine, une miche ou tourteau de chaque demi-mesure de seigle et trois deniers de pain de froment et non moins.

(Il y a ici trois lignes de texte tellement altérées par le copiste, qu'il n'est pas possible d'en saisir le sens.)

Ce qui est prescrit pour le four de Cornillon est la même chose pour celui de Saint-Paul.

Tous les habitants de ville franche doivent faire conduire, apporter ou présenter deux fois au marché de Cornillon, les meubles, effets et denrées qu'ils veulent vendre ; et là les vendre s'ils peuvent, au même prix qu'ils estiment pouvoir être vendus dans un autre marché. Cependant, si quelqu'un a vendu ses denrées à ville franche ou dans un autre marché au plus bas prix qu'au marché de Cornillon (ceci ne se comprend nullement), le seigneur peut exiger de lui sept sols et demi, s'il peut prouver le fait. Si un chevalier doit quelque chose à un homme de ville franche, il peut traduire son créancier pardevant le seigneur de Beaudiner qui peut donner un mois et non plus pour acquitter la créance à ville franche (1).

Et ledit seigneur ne pourra exiger aucun droit de leyde ou impôt de celui qui aura vendu ou acheté quelque chose dans la ville, pourvu que ce soit tout autre jour que celui du marché.

(Il manque ici quelque chose dans le texte.)

Si quelqu'un a légué à l'Eglise ou au curé une maison ou une partie de terre dans l'étendue du territoire de ville franche, le donataire pourra accepter le legs, mais sera obligé dans l'an et jour de le revendre à un homme de condition qui puisse répondre comme les autres sujets (2).

---

(1) Cette disposition semble indiquer que les chevaliers ne payaient pas leurs dettes sans résistance, puisque nous voyons les consuls de Cornillon exiger du seigneur que le paiement ne soit pas ajourné à plus d'un mois.

(2) Comme les biens du clergé étaient privilégiés, c'est-à-dire déchargés de tout impôt, le seigneur prenait ses mesures afin d'éviter leur augmentation.

Si quelqu'un meurt sans testament et sans héritier présomptif, les anciens conseillers au Tribunal de la ville doivent, avant toutes choses, satisfaire sur le montant de la succession du défunt à tous ceux qui auraient des réclamations à faire, soit pour usure, soit pour maléfice, et à l'Eglise pour le repos de son âme, et le surplus des biens appartiendra au seigneur de Beaudiner. S'il meurt *ab intestat* et qu'il ait laissé des héritiers présomptifs, ils partageront la succession ; et s'il a fait un testament, quelques dispositions qu'il contienne, elles seront inviolablement exécutées.

Quand le seigneur aura été nouvellement créé chevalier, ou qu'il aura marié sa fille, ou qu'il aura engagé ses terres, ses sujets de ville franche doivent aider leur seigneur, sans aucune violence de sa part et à l'arbitrage des consuls dudit lieu.

Quiconque aura fait séjour dans la ville pendant un an et un jour et aura prêté le serment de fidélité au seigneur de ville franche, il jouira du même privilège que les autres sujets.

Les présentes lettres de franchise ont été faites et jurées à Cornillon, devant l'église de Saint-Marcel, l'an de Notre-Seigneur douze cent quarante, au mois d'octobre.

La nécessité seule avait contraint Guillaume de Beaudiner à faire aux manants du mandement de Cornillon, les concessions que nous venons d'énumérer. Les préparatifs de la sixième croisade, à laquelle il voulait prendre part (la croisade eut lieu en 1248) avec son gendre Guillaume de Poitiers, l'obligeaient à de grandes dépenses, et c'est pour se procurer l'argent nécessaire que, moyennant une forte somme, il consentit à abandonner une partie de ses droits. Du reste cette somme fut insuffisante, car il emprunta au comte de Forez, Guy IV, 1.000 livres pour solder les fortifications faites récemment à Cornillon (*munitionem de novo constructam...*) (1).

Guillaume mourut vers 1243. Pendant sa dernière maladie il avait fait vœu d'envoyer en Palestine, au premier passage qui aurait lieu — on parlait dès lors de la septième croisade,

(1) Les fortifications faites à cette époque par Guillaume de Beaudiner sont encore visibles aujourd'hui. En effet, il faut faire remonter jusqu'à lui la *porte des chars*, les murailles qui l'accompagnent et la grande porte du château.

la première conduite en personne par Saint Louis qui eut lieu
en 1248 — un écuyer armé et à cheval, ou de l'accomplir lui-
même s'il guérissait. Son vœu fut observé fidèlement par Guillaume de Poitiers son gendre. De son mariage avec Béatrix de
Jarez, Guillaume de Beaudiner eut un fils nommé Aymard qui
devint seigneur de Cornillon.

II. — Le premier acte d'Aymard de Beaudiner fut de confirmer et d'amplifier la charte de franchise accordée par son père
aux habitants de Cornillon et de Saint-Paul. Il le fit en ces
termes au mois de juin 1243 :

Amplifications d'Aymard, fils de Guillaume.

Et moi Aymard, fils de Guillaume, seigneur de Beaudiner, d'heureuse mémoire, ai approuvé et ratifié la charte d'exemptions et
franchises, et ai juré sur les Saints Evangiles de ne jamais les
enfreindre. Et, depuis la mort de mon père Guillaume, j'ai ajouté
que si quelqu'un vient à déroger auxdites libertés et franchises,
toutes les fois que j'en serai requis par les habitants de ville franche
ou Cornillon, moi ou mes représentants infracteurs payerons
l'amende dans les quarante jours du délit, et ceux qui seront à l'avenir
nommés consuls, promettront par leur serment d'observer, d'accomplir et entretenir inviolablement lesdites franchises et libertés.

J'ai donné pour cautions et fidé-jusseurs à mes dits hommes de
ville franche, Artaud, seigneur de Lavieu; Jocerand, seigneur de
Saint-Didier; Guichard de Jarez, Durand de Rochain et Germain
Blanc, chevaliers, qui, de mes volonté et consentement, ont juré
sur les Saints Evangiles par eux touchés, auxdits hommes de ville
franche de les recevoir dans leurs châteaux et leur prêter tout secours
jusqu'à ce qu'en cas d'infraction, moi ou mes représentants ayons
satisfait à l'amende et jusqu'à ce que l'on ait de nouveau juré de
maintenir lesdites libertés et franchises.

Et si mes vassaux venaient à être gagés ou poursuivis par mon
fait, moi ou mes successeurs seraient obligés d'indemniser mes dits
hommes ou vassaux.

Bien plus, s'il arrivait que moi ou les miens vinssent à enfreindre
les présentes libertés et franchises, ce qu'à Dieu ne plaise ! et que

pour ce, nous soyons, à la réquisition desdits vassaux, traduits devant le seigneur, comte de Forez, je consens pour moi et les miens être contraint à payer l'amende.

En foi de quoi et pour l'observation perpétuelle des présentes, moi Aymard, Artaud de Lavieu, Jocerand, seigneur de Saint-Didier, et Guichard, seigneur de Jarez, nous avons fait délivrer auxdits vassaux la présente charte, scellée de nos sceaux ; et pour la corroborer, les ci-après nommés y ont ajouté les sceaux de leurs amis, n'en ayant point eux-mêmes, savoir : Armand de la Rochain, le sceau du prieur du Châtelet (Sainte-Foi du Châtelet sous Saint-Victor-sur-Loire), et Germain Blanc, celui du prieur de Saint-Paul.

Fait et passé, l'an de N.-S. 1243, au mois de juin.

En 1247, un différend s'éleva entre Aymard de Beaudiner et Gaudemard, chamarier (1) de l'église de Lyon, au sujet de quelques droits que l'un et l'autre revendiquaient sur les hommes du domaine de l'hôpital de Saint-Jean-de-Jérusalem, situé sur les limites des seigneuries de Cornillon et de Roche-la-Molière (2). D'un commun accord ils nommèrent quatre arbitres : Armand de la Rochain, Humbert de la Tour, Ponce de Rochefort et Pierre Cornillon, prêtre. Ceux-ci décidèrent, en août 1249, que le seigneur de Cornillon abandonnerait aux hommes de l'Hôpital toute espèce de taille qu'il avait coutume de lever sur eux ou sur leurs bestiaux, excepté cependant dans les cas de batteries, querelles ou adultères, de même que s'ils encouraient la peine de mort ou de mutilation. Outre un impôt de deux sols de cens annuel, les mêmes habitants reconnurent qu'ils étaient tenus de travailler aux clôtures, palissades et fortifications du château de Cornillon.

De son épouse, dont le nom est inconnu, Aymard eut un fils qui fut son successeur.

---

(1) Le *Chamarier* était un des principaux dignitaires du chapitre de l'église métropolitaine de Lyon ; c'était lui qui gardait les clefs du cloître et qui était chargé de la police de la ville.

(2) Cet endroit a conservé encore aujourd'hui le nom de l'*Hôpital* et se trouve sur la commune d'*Unieux*.

III. — Guillaume de Beaudiner II° du nom, fils d'Aymard, devint seigneur de Cornillon à la mort de son père. Son premier acte fut de « jurer, confirmer et ratifier la charte de libertés et franchises » accordée aux habitants de ses terres par ses ancêtres. Cette ratification fut faite au mois de novembre 1279.

En 1281, il termina un procès qui s'était élevé entre Aymard de Beaudiner son père et le Prieur de Firminy, au sujet des dîmes et novales (1) de Firminy, Saint-Just-en-Velay et Saint-Ferréol, que le seigneur de Beaudiner prétendait lui appartenir. Il fut convenu « que le seigneur de Cornillon quitterait et remettrait au prieur et à ses successeurs les dîmes et novales et tous les droits qu'il pouvait avoir sur ces redevances et qu'en compensation, le Prieur donnerait au seigneur de Beaudiner et aux siens annuellement et à perpétuité quatre setiers de seigle, mesure de Cornillon, rase et secouée, payables à Saint-Ferréol... plus deux quartes de vin bon et pur payables à Firminy ».

Guillaume mourut avant le 20 septembre 1302, laissant tous ses biens à sa fille unique Luce de Beaudiner.

IV. — Luce de Beaudiner avait épousé Guillaume de Poitiers ; mais il dut mourir jeune, car dès 1304, il n'est plus cité dans les documents concernant la seigneurie de Cornillon. Deux actes seulement le mentionnent antérieurement : une réception du serment de fidélité de son vassal Guillaume de Taillefer (2)

---

(1) On appelait *novales* un impôt qui se levait sur les terres nouvellement défrichées.

(2) Par cet acte, passé au château de Cornillon en 1303, par Guillaume Eustache, notaire royal, en présence de Bertrand de Beaudiner, Jacques de Volpe, prêtre, et de plusieurs autres témoins, Guillaume Taillefer jurait foi et hommage au seigneur de Cornillon pour tout ce qu'il possédait au mandement de Cornillon : « depuis la maison de Mathieu de Cornillon jusqu'au fleuve de Loire, et de là, en remontant ledit fleuve, jusqu'au lieu appelé *Pierre-Johan*, et dudit lieu, le long du ruisseau de *Lyet* jusqu'à *Sous-Lyet* ; de là, en suivant le long du grand chemin public qui conduit à Firminy, jusqu'à la rivière de *Gampille* et de là, en suivant jusqu'à la héronnière de *Combe-Girout*, et ensuite en allant et en passant par la maison de Barthélemy Brunelle, jusqu'à la *Fontaine Rufin*, et ensuite en passant par la chaussée publique par laquelle on va vers la maison de Jean Piard, et ensuite en

en 1303, et en 1304, la nomination de Gilles d'Ecotay comme capitaine châtelain de Cornillon.

Avant cette époque, au mois de septembre 1302, Luce de Beaudiner avait signé une transaction avec noble dame de Retourtour, au sujet des limites de leurs seigneuries du côté de Saint-Just et des droits de justice. La transaction portait « que la haute seigneurie, la garde et la justice haute, moyenne et basse de la ville de Saint-Just et de son mandement et dépendances, appartiendront à ladite Dame de Retourtour et à ses successeurs ; que le tènement de Mont-Séré avec tous droits de cens, justice et autres resteront à lad. Dame de Cornillon, de même que le tènement de Ladreyt, à la charge de donner, d'ici à deux mois, trois mesures de seigle et un territoire contigu à sa maison forte. De plus, les parties convinrent qu'elles pourraient réciproquement conduire, en armes ou sans armes, les criminels et les faire passer en toute liberté, sans permis et sauf-conduit, par toutes les terres et appartenances de la partie adverse ».

Luce de Beaudiner, qui en 1315 prêtait hommage au comte de Forez, recevait la même année les serments de fidélité de ses vassaux. Nous citons parmi eux ceux d'Armand de la Rochain, de Perronet de Villeneuve (1), de Dalmace Girin et de Gillet d'Ecotay.

Hommage d'Armand de la Rochain à Luce de Beaudiner, dame de Cornillon.

Au nom de Dieu. Amen. Sachent tous présents et à venir que l'an de l'incarnation de N.-S. 1315 et le jeudi avant la fête de Saint-Marc,

---

s'étendant jusqu'à la rivière d'*Ondène* du côté droit, et de là, en suivant ladite rivière jusqu'à la roche d'*Ondène*, et de là, en passant par la *Roche Taillée* jusqu'au fleuve de Loire et, de ce point, à la maison de Mathieu Cornillon. »

(1) Cette famille s'étant éteinte, le fief de Villeneuve passa successivement aux mains de Parchas-Saint-Marc ; de Bayle, originaire du Velay, et de la famille Jullien de Villeneuve qui le possède aujourd'hui.

(LA TOUR-VARAN.)

évangéliste, excellent prince Louis, fils aîné de Philippe, roi de France régnant, en présence de Maître Guillaume Pellicier, clerc notaire public, et des témoins ci-après nommés, s'est personnellement constitué Armand de la Rochain, damoiseau...... a reconnu et confessé pour lui et les siens à noble et puissante dame Luce de Beaudiner, qu'il tient et doit tenir de lad. dame, comme ses prédécesseurs ont tenu d'elle, en fief et hommage, tout ce qu'il possède au château de Cornillon et au dehors dans l'étendue de son mandement et tout ce que d'autres y possèdent au nom dud. seigneur damoiseau, excepté la terre de Chalency et les autres choses qu'il a à Saint-Ferréol qu'il tient du seigneur Dalmace Girin. Et tant de sa propre personne que des choses féodales susdites, il a fait hommage-lige et fidélité, par le baiser de la bouche, et a promis et juré d'observer tout ce qui est contenu dans les articles de serment de fidélité.

Fait et passé à Cornillon, en présence de M. Pierre du Vernet, jurisconsulte ; de Hugues de Pierregourde, damoiseau ; de Jean Héracle, damoiseau ; de Hugues Héracle, clerc ; de Jacques de Volpe, prêtre, et du notaire qui a reçu la minute.

Hommage de Perronnet de Villeneuve à Luce de Beaudiner.

Sachent... que l'an 1315, le jeudi avant la fête de Saint-Marc, évangéliste, sous le règne de Louis, roi de France, en présence de Maître Guillaume Pellicier, clerc notaire public de l'autorité royale, et en présence des témoins ci-après désignés est personnellement comparu Perronnet de Villeneuve, damoiseau, non induit en erreur ni contraint par force, violence ou crainte, mais pleinement persuadé de la vérité dans tout ce qui suit, a confessé pour lui, ses héritiers et successeurs quelconques, qu'il tient et doit tenir de noble et puissante dame Luce de Beaudiner, en fief noble, de la même manière que le tenait et possédait Jean de Villeneuve, son père, savoir : la grange de Villeneuve avec toutes ses appartenances et ce qu'il possède ou que d'autres en son nom tiennent et possèdent en la ville de Saint-Ferréol, du côté d'Orient, depuis le chemin public de Cornillon à Saint-Didier, excepté le four et curtil des Deux-Roses que tient Barthelmy des Deux-Roses, sous le cens annuel de trois septiers de seigle, 30 sols et une géline (poule) ; plus, il confesse tenir en fief de ladite dame tout ce que Jean des Deux-Roses tient de lui dans la villa des Deux-Roses, sous le cens annuel de dix-neuf métans de seigle, 30 sols et une poule.

Plus, les choses que son père a acquises à la Rochain, de Ponce de Mazaux, savoir ce que tenaient les frères Sicard.

Plus ce que lui ou d'autres en son nom possèdent à Loudoyer, près du château d'Oriol de l'autre côté de la rivière de Semène tendant au château de Cornillon.

Pour toutes les choses féodales ci-dessus, ledit Perronnet a fait hommage-lige à lad. dame, après celui dû au seigneur d'Aurec, par le baiser de la bouche et la jonction de ses mains en celles de lad. dame à qui il a juré fidélité sur les Saints Evangiles par lui manuellement touchés.

Fait et passé à Cornillon, en présence des mêmes témoins que l'acte précédent.

Hommage de Dalmace Girin.

L'an 1315, le jeudi avant la fête de Saint-Marc, évangéliste, Dalmace Girin, damoiseau, a confessé qu'il tient de noble et puissante dame Luce de Beaudiner tout ce qu'il possède, soit par lui et soit par d'autres en son nom, dans le château de Cornillon et dans la villa de Semène.

Et toutes les autres choses que lui ou d'autres en son nom possèdent dans l'étendue des limites de la franchise, excepté ce que tient de lui Armand de la Rochain et ce qu'il a à Saint-Ferréol.

Plus, il a reconnu qu'il tient en fief de la même dame la rente d'un septier de seigle et de dix-huit deniers de cens qu'il perçoit au village ou hameau d'Amba (1).

Pour lesquelles choses féodales ledit Dalmace a fait l'hommage simple et non lige par le baiser de la bouche, et a promis et juré fidélité à ladite dame.

Fait et passé à Cornillon, en présence des témoins déjà cités.

Hommage de Gillet d'Escotay.

L'an 1315 et le jeudi avant la fête de Saint-Marc, évangéliste, Gillet d'Escotay, damoiseau... a reconnu à noble et puissante dame Luce de Beaudiner, qu'il tient d'elle, en fief franc la ville de Fraissen (Fraisses), avec ses appartenances situées sur le hameau de Pinn (le Pin).

---

(1) Il s'agit ici du village actuel de *Semène*. Après s'être appelé primitivement *Aubie*, il est mentionné dans les documents du moyen âge sous le nom d'*Amba*. On croit communément qu'il était ainsi nommé à cause de sa situation sur les deux rives du cours d'eau.

Plus, ce qu'il tient au territoire d'Uniac (Unieux) et dans celui de l'Hospital.

Plus, ce qu'il tient à la Noirie ou dans son territoire.

Plus, ce qu'il a depuis la porte de Cornillon, dite porte des Chars, en suivant le chemin de ladite porte à la croix du Poirier ; puis en descendant et suivant le ruisseau Didier jusqu'à la Loire, et en remontant ledit fleuve jusqu'au château de Cornillon, excepté la maison que tient Armand de la Rochain et ce qu'il a au bourg de Cornillon et à la Solaye, qu'il tient du seigneur de Rochebaron.

Plus, a confessé tenir, au nom d'Agnès de la Mothe, son épouse, comme propriétaire et usufruitière, tout ce qu'ils possèdent à Saint-Just, aux territoires de Chamoyt, de Canal, de La Roa et tout ce qu'ils ont au hameau et territoire de Lyaont.

Luce de Beaudiner termina par un accord en 1325, le différend avec le comte de Forez, au sujet des limites des seigneuries de Cornillon et de Saint-Bonnet-le-Château du côté de la commanderie à Saint-Maurice-en-Gourgois. Les limites furent fixées ainsi qu'il suit :

« Du côté du fleuve de Loire, jusqu'à la place appelée les Brayes et de ladite place en descendant vers le pont de Chalmeil et en montant jusqu'à un lieu appelé Pinfol, et dudit lieu, en montant jusqu'à la route qui va de Saint-Rambert à la Fontelause, et de là en montant jusqu'au lieu de Chalmeil. Plus, du côté du mandement de Saint-Bonnet, entre la terre de la maison des Templiers et la terre de Chalmeil, et dudit lieu en montant jusqu'au lieu appelé Chiers gros, et dudit lieu en descendant jusqu'à la Roche, jusqu'à un certain arbre appelé Lyo... »

De là, les limites devenant impossibles à préciser, les parties énumèrent les tenanciers qui dépendent de l'un ou de l'autre... fief « jusqu'au coin du bois de la dame de Beaudiner et à la *calme* appelée le Gorgois » (1). Autrement dit, « le mandement du

_____

(1) *Calme* vient du latin *Calma* qui signifie chaumière.

château de Cornillon s'étend dudit château de Cornillon jusqu'au chemin par lequel on va de Gorgois jusqu'à la calme de Brayes et depuis le four de la ville de Lyaon et outre tant que dure et s'étend la paroisse de Cornillon... »

Quant aux droits seigneuriaux, ainsi qu'il a été prouvé de part et d'autre, le comte de Forez continuera à prendre sur la maison du Temple de Lyaon huit combles d'avoine, douze deniers tournois, un charroi et de faire garder la maison du Temple et d'y apposer des gardes toutes les fois qu'elle manque de maître ou de châtelain. « Pour la dame de Cornillon, ainsi que de coutume, les hommes et femmes et domiciliés de la ville de Lyaon du côté de Cornillon, seront contraints d'aider à la clôture du château de Cornillon et aux manœuvres pour la restauration dudit château ; car elle jouit des droits de justice dans six maisons ou hospices de la ville de Lyaon qui sont de la paroisse de Saint-Paul... continuant ladite dame à percevoir en la maison du Temple un quarteau de seigle et quatre sols... »

Ce n'était pas sans motifs que le comte de Forez avait terminé ce différend, au sujet des limites des seigneuries de Cornillon et de Saint-Bonnet ; car la même année, pressé par le besoin d'argent, il s'engageait au service du comte de Savoie avec ses hommes d'armes moyennant une somme de 20.000 livres, et pour justifier cette alliance, contraire aux ordres de Charles le Bel, alors roi de France, il reconnaissait la suzeraineté de la maison de Savoie sur les châteaux-forts de Fontanez, Chatelus, la Fouillouse, Saint-Victor, Roche-la-Molière et Cornillon. Ce traité fut passé à Lyon, en la maison du Temple, le 28 avril 1325. Mais Edouard de Savoie n'ayant pas payé immédiatement la somme promise, le 15 janvier 1326 le comte de Forez se déclara délié de ses promesses, et comme ses créanciers le pressaient, il signa, quelques jours après, le 18 janvier, avec le Dauphin de Viennois, le même traité qu'il avait précédemment passé avec le comte de Savoie.

Aussitôt après la mort de son mari, arrivée quelques années auparavant, Luce de Beaudiner avait résolu de fonder sur ses terres un monastère dont les religieuses prieraient particulièrement pour la maison de Cornillon. En 1317, elle avait commencé à réaliser son désir en faisant construire une petite chapelle expiatoire, auprès d'un châtelet isolé au milieu des bois et qui servait de rendez-vous de chasse. Les pauvres mansardes qui l'entouraient, et au milieu desquelles se dressait le pignon aigu de sa gracieuse tourelle, lui avaient fait donner le nom de Chazeaux, en latin de *casalibus* qui signifie chaumières. Elle y établit ensuite deux chapelains pour célébrer chaque jour la messe en l'honneur des défunts de sa famille.

Mais ses desseins étaient plus vastes. En 1331 elle sollicita du pape Jean XXII l'autorisation d'établir à Chazeaux un monastère de pauvres Clarisses. Sa demande ayant été agréée, elle fit immédiatement construire auprès du châtelet des bâtiments suffisants pour loger huit religieuses. Puis, après avoir au préalable obtenu la permission de l'archevêque de Lyon, dans le diocèse duquel se trouvait la nouvelle fondation, et la protection du comte de Forez, le 19 septembre, dans la grande salle de son château de Cornillon, elle donna le contrat de fondation et de dotation de la maison de la Bienheureuse Marie de Chazeaux. Par cet acte, Luce de Beaudiner cédait à l'abbaye plusieurs domaines voisins du châtelet, des prés sur les bords de la rivière de Gampille, des vignes sises sur le chemin de la Croix des Périers (1) à Cornillon et les droits d'usage dans l'immense forêt qui entourait Chazeaux. Toutefois, elle se réservait pour elle-même quelques appartements dans le petit châtelet qui était affecté particulièrement au logement de la Prieure et des Chapelains. Tout étant préparé, les Clarisses s'y installèrent fin octobre 1332, sous la direction de l'une d'elles, Marguerite Rigaud, qui prit le titre d'abbesse.

---

(1) Actuellement *Croix du Poirier*.

Cependant les religieuses étaient à peine mises en possession
de leur demeure, que le prieur et le curé de Firminy se plaigni-
rent du grave dommage qui leur était causé par le voisinage de
la nouvelle maison religieuse. Heureusement les seigneurs voisins et Luce de Beaudiner intervinrent. Un accord fut signé dans
l'église de Chazeaux, près l'autel et la grille du chœur, le 24 avril
1334; la baronne, reconnaissant le tort causé, abandonnait en
compensation la redevance annuelle de quatre septiers de seigle et de deux quartes de vin que lui devait le prieur d'après une
convention passée autrefois entre frère Armand, prieur, et Aymard de Beaudiner. Mais le prieur promettait ses bons offices
pour faire accepter ces conventions à l'abbé de l'Ile Barbe, dont
il dépendait, et obtenir que le seigneur de Feugerolles prêtât
hommage à ladite dame pour les biens « qu'il avait donnés à
l'abbaye de l'Ile-Barbe et même audit prieur, et sur lesquels la
dame de Beaudiner avait des droits seigneuriaux... »

Cette dernière clause amena, séance tenante, un accommodement entre la baronne de Cornillon d'une part et le seigneur de
Feugerolles et le prieur de Firminy d'autre part.

Cet accord portait que Jocerand de Lavieu, seigneur de Feugerolles, continuerait à lui rendre hommage pour tous les droits
qu'elle avait sur la ville de Firminy et dépendances d'icelle,
droits de justice, de guet et de garde, droit sur les meules de
pierre qui se font et sont vendues audit lieu de Firminy; lesquels
ledit seigneur de Feugerolles avait cédés « à frère Jocerand de
Fayne (?) prieur du prieuré de Firminy (1). Mais comme il n'a-

(1) En compensation des droits de justice qu'il avait cédés au prieur de
Firminy, Jocerand de Lavieu, seigneur de Feugerolles, avait reçu du prieur
« cinquante sous viennois de revenu annuel avec les droits féodaux sur les
hommes et tenanciers des terres de Romeyer et de Treuil... Plus les cens
que le prieur avait coutume de percevoir sur une pièce de terre que tient
ledit seigneur de Feugerolles, située près la fontaine, derrière l'église de *Saint-
Clément*... » *Ratification faite par la dame Luce, dame de Cornillon, des échanges faits entre les prieurs de Firminy et Jocerand de Lavieu dit Perceval, seigneur de Feugerolles, du 24 avril 1334.*

vait point fait ratifier cet échange et permutation par ladite
dame Luce de Beaudiner, comme ledit prieur le demandait et
comme il était contenu aux actes, ladite dame n'était pas obligée d'y consentir, d'autant qu'ils lui étaient préjudiciables ».

Cependant, ladite dame consentant à ratifier immédiatement
les échanges et permutations faites par le seigneur de Feugerolles
au prieur, il s'ensuit que ledit prieur et ses successeurs pourront
désormais exercer leurs droits de juridiction haute, moyenne et
basse dans ladite ville de Firminy et ses dépendances et la
faire exercer dans les limites indiquées, savoir : « depuis la ville
de Firminy jusqu'au ruisseau d'Eschabo, et, en suivant le cours
dudit ruisseau, jusqu'au tènement dit de Guillaume Martin ;
depuis ladite terre, elle suit un riot qui passe entre ladite terre
et le bois de Doyra. De là à la Pierre Blanche, placée sur le
grand chemin public qui va de Saint-Just-en-Velay aux Ormes
de Chasors, et en continuant le long du grand chemin jusqu'aux
dits Ormes et desdits Ormes jusqu'à la fontaine de Rosse ou
la Vieille-Infirmerie, et de ladite fontaine, en suivant droit
jusqu'au ruisseau de Gampille, à l'endroit où il reçoit le riot de
Tavaux (?) et de là en suivant l'eau jusqu'à la colline d'Eschabo
et de là jusqu'à ladite rivière (1)... »

Cependant ledit prieur et ses successeurs ne devront faire
aucune exécution de mort, de mutilation des membres ou toute
espèce d'effusion de sang, ou faire marquer et fouetter, au delà
du ruisseau dit de Charanay, du côté de Cornillon sous le
chemin qui conduit de la ville de Firminy vers les ormes de
Chassagnes, mais il peut venir par led. chemin à la ville de
Firminy en faisant faire telle exécution qu'il lui plaira, jusqu'à
la maison de Pierre Brunel, dans un certain chemin contigu à
ladite maison et d'icelle maison, en allant droit vis-à-vis des
noyers, sous la fontaine dudit Brunel, et de ladite fontaine vis-à-vis

(1) Une partie de ces limites forment encore la séparation entre les communes de Firminy et de Chazeau.

des noyers, en allant droit à un certain chêne qui est au delà des noyers dans un terrain couvert de genêts et de balais qui est dans la terre du seigneur Armand de la Rochain. Puis, de là, en allant droit au chemin par lequel on vient de Firminy sous la maison de Chapelin ; et de là en poursuivant droit au terri-toire de Marc-Chazal dans le grand chemin public par lequel on va de l'habitation sous Firminy vers Saint-Didier ou vers Saint-Just-en-Velay, en suivant ladite route antique (voie romaine), aussi longtemps que s'étend la terre dudit prieur.

Cet acte fut fait et passé en l'église de Chazeaux, le 24 avril 1334.

Conformément à sa promesse, le prieur de Firminy fit ratifier et approuver l'accord le 13 mai suivant par frère Peronet, abbé de l'Ile-Barbe, dont la ratification fut contresignée le même jour par le grand conseil de l'ordre.

Pour plus de garanties, elle fut même revêtue du sceau royal par les soins du bailli de Mâcon.

En 1326, Luce de Beaudiner, suivant en cela l'exemple de ses ancêtres, confirma la charte de franchise et privilèges octroyée autrefois aux habitants des villes de Cornillon et de Saint-Paul Elle y ajouta même certaines concessions qui nous montrent le développement progressif des libertés communales dans l'an-cienne France.

Amplifications de Luce de Beaudiner, fille de Guillaume II.

Sachent tous qui ces présentes verront, que l'an de Notre-Seigneur 1326, le 21 avril, est comparue en personne illustre et puissante dame Luce Beaudiner, laquelle à la réquisition, prière et humble supplica-tion de Pierre Chapelle, Jean Dalbe et Pierre Cartanelle, tous trois consuls de la ville franche de Cornillon, tant en leur nom qu'en celui des autres sujets habitant le territoire situé dans les limites de la franchise de Cornillon, ayant considéré qu'elle, ses enfants, héritiers et ceux qui lui succéderont, seraient tenus et obligés d'observer et accomplir inviolablement l'affranchissement et libertés autrefois accordés auxdits sujets et habitants...

C'est pourquoi ladite illustre dame de Beaudiner, voulant accéder
à l'humble supplication desdits hommes et vassaux, a juré de bonne
foi et par serment, sur les Saints Evangiles, de tenir et conserver
toutes les libertés et franchises ci-dessus accordées... promettant et
accordant, tant pour elle que pour ceux qui seront seigneurs de
Cornillon, auxdits hommes et manants et à ceux qui leur succéderont de maintenir dans ladite ville et dans l'étendue de la franchise
lesdites libertés et franchises et tout ce qui est contenu dans ladite
charte.

Ladite dame a encore accordé auxdits hommes la liberté de pouvoir apporter de toute part, dans l'étendue de ladite franchise, du
vin pour leur consommation pendant tout le mois d'aoust, nonobstant
le ban, suivant lequel il n'est permis à personne de vendre ou
apporter du vin pendant ledit mois, sous peine d'amende (1).

Les présentes furent faites et passées au château de Cornillon, en
présence de religieuse personne Guy de Roussillon, prieur de Saint-
Paul-sous-Cornillon, de nobles seigneurs Jean de Rochain, Jauce-
rand de Mazalz, Jean de Montaneys, damoiseaux ; de maîtres Nicolas
Cartanelle, Pierre de Bocher, Barthélemy, curé de Cornillon, Jacques
de Volpe et Jean Julien.

Le 27 Mai 1334 Luce de Beaudiner reçut, en cette forme, au
château de Cornillon, le serment de vassalité de Jocerand de
Lavieu, dit Perceval, seigneur de Feugerolles. Conformément
à l'accord passé en 1324, celui-ci rendait hommage au monastère
de Chazeaux, tête nue, sans épée, les mains jointes entre celles
de ladite dame de Cornillon, pour des cens et redevances à
lever sur les territoires de Romeyer, le Treuil, la Perrière, du
Mas de la Molla, de la Motte et du moulin des Brunelle, près du
carrefour de la Chalin, etc.

De plus, ledit seigneur promettait fidélité et loyauté à ladite
dame et jurait sur les Saints Evangiles par lui touchés, de tenir et
garder inviolablement à lad. dame, à ses héritiers et successeurs,
tous les articles contenus dans la formule des serments de

(1) On se rappelle que dans la charte le seigneur s'était réservé le droit
exclusif de vendre son vin pendant le mois d'août.

3

fidélité envers et tous les hommes vivants et mourants, nés et à naître, excepté le seigneur comte de Forez.

Trois ans après, Luce de Beaudiner fut atteinte d'une grave maladie. Elle se trouvait alors à Clavas-en-Riotord, au pays de Velay, dans un monastère de Bénédictines, où Aymarde de Beaudiner, sa tante, était morte avec le titre d'abbesse, peu de temps auparavant. Or, comme la pieuse baronne eut en son âme le secret pressentiment de sa fin prochaine, elle fit prévenir ses chères Clarisses de Chazeaux de prier beaucoup pour elle et donna en même temps l'ordre de lui envoyer Guillaume Deville, et son collègue, Guillaume Pellicier, tous deux notaires ordinaires de la baronnie, pour recevoir ses dernières volontés.

Et, le 14 août de l'année 1337, veille de l'Assomption de la sainte Vierge, en présence de plusieurs discrets personnages, au nombre desquels nous remarquons : messire Guillaume d'Albon, chanoine de l'église métropolitaine de Vienne, en Dauphiné, Luce de Beaudiner fit son testament. Nous citons les passages les plus intéressants de cette pièce importante restée inédite :

Au nom de la sainte et indivisible Trinité, le Père, le Fils et le Saint-Esprit. Amen.

L'an de l'Incarnation de Notre-Seigneur treize cent trent-sept, la veille de l'Assomption de Notre-Dame qui fut le quatorze du mois d'aoust, sous le règne d'excellent prince notre sire Philippe par la grâce de Dieu roy de France.

Est comparue personnellement, en présence de Guillaume Pellicier et Guillaume Deville clercs, notaires publics de l'autorité royale, et en présence des témoins ci-après désignés spécialement à ce appelés et requis: noble Dame Luce, Dame de Beaudiner, veuve de feu, d'heureuse mémoire, noble Guillaume de Poitiers, son époux, laquelle voulant disposer de ses biens, droits et actions à elle comptants et appartenants ou qui pourraient par la suite lui compter et appartenir, elle a disposé et ordonné et fait son testament nuncupatif et dernière volonté rédigé et contenu au présent écrit en la forme qui suit.

Moi, Luce, Dame de Beaudiner, veuve de feu noble, d'heureuse mémoire, Guillaume de Poitiers, considérant qu'il n'y a rien de plus certain que l'heure d'icelle, parce que la jeunesse peut mourir subitement, que le terme de la vieillesse est inconnu et qu'il vaut mieux prévenir que d'être prévenu.

Voulant donc prévenir ce dernier moment autant qu'il est possible à la fragilité de notre nature, afin que la mort qui trompe les plus prudents, me trouve préparée, par la grâce du Seigneur, et parce que la condition de notre vie n'a point d'état stable et que les êtres tendent naturellement à leur destruction; afin que je ne décède point *ab intestat*, je dispose et ordonne de mes biens, droits et actions quelconques comme de mon propre héritage, je fais mon testament nuncupatif et l'ordonnance de ma dernière volonté pour être rédigée dans les registres publics en la forme qui suit :

1º Ayant invoqué le secours du Saint-Esprit en faisant le vénérable signe de la Croix sur mon front, au nom du Père, du Fils et du Saint-Esprit, Amen. Je recommande mon âme tant pendant ma vie qu'à ma mort, spécialement lors de sa séparation d'avec mon corps, au Très Haut Créateur que je supplie de daigner l'appeler à la joie éternelle et à la société de la glorieuse Vierge Marie mère, Reine du ciel et de toute la cour des saints auxquels sont rendus louange et gloire au haut des cieux, et qu'ils daignent m'aider dans mes extrêmes nécessités auprès de Celui qui est le vrai salut de tous.

Item. Je choisis la sépulture de mon misérable corps audit monastère de Chazeaux, ordre de Sainte Claire, diocèse de Lyon, par moi nouvellement fondé et édifié à l'honneur de Dieu, de la Bienheureuse Vierge, Reine du ciel, et de tout l'ordre de Sainte Claire ; auquel lieu je veux que mon corps soit enseveli après ma mort.

Je veux et ordonne que le jour où aura lieu la cérémonie de mes funérailles, on invite deux cent cinquante prêtres pour célébrer l'office divin, à la louange et en l'honneur du Tout-Puissant et de tous ses Saints, et pour le soulagement de mon âme, de celles de mes parents et de tous les fidèles trépassés.

Et si, par hasard, il arrive que, le jour de mon enterrement, on ne puisse réunir pour y assister deux cent cinquante prêtres, comme je l'ai dit, je veux et ordonne que, pour les jours qui suivront immédiatement la cérémonie, on convoque un nombre de prêtres égal au chiffre que j'ai spécifié ; et cela, sans diminution, ni retranchement d'aucune sorte, d'une manière complète. Et je veux et ordonne que chacun des deux cent cinquante prêtres, qui sont invités à se rendre à Chazeaux pour mon enterrement, reçoive, sur mes biens, cinq sols viennois, une fois donnés; et qu'il soit également attribué de mes deniers, à chaque clerc assistant, une gratification conforme à l'usage.

Item. Je veux et ordonne que, le jour où aura lieu la cérémonie de mes funérailles, on fasse à tous et à chacun des pauvres de Notre-Seigneur Jésus-Christ, qui se rendront à Chazeaux, une aumône prise sur mes biens et que la portion ou aumône, en pain et en viande soit, pour chaque pauvre, équivalente à six deniers viennois; ou bien que l'on donne à chacun d'eux six deniers viennois, en monnaie.

Item. Je veux et ordonne que le trentième jour après mon décès, c'est-à-dire le jour désigné vulgairement sous le nom de trentain, *trentenum,* lequel sera compté à partir du jour de ma mort, mon héritier universel ci-après désigné (Guillaume de Poitiers, son fils, baron de Beaudiner et de Montregard), invite deux cent cinquante prêtres à Chazeaux, pour célébrer les saints offices en l'honneur du Dieu tout-puissant, de tous ses saints, pour le soulagement de mon âme et de celles de mes parents et de tous les fidèles trépassés; et qu'on serve à dîner à tous et à chacun de ces prêtres, suivant que le permettront et le jour et le lieu. Les clercs assistants seront traités de la même manière. Plus, on donnera à chacun de ces deux cent cinquante prêtres, cinq sols viennois une fois payés. Les clercs recevront une aumône conformément à l'usage reçu en pareille circonstance. Et la part faite, ce jour-là, aux pauvres de Jésus-Christ, sera exactement égale à celle que j'ai ci-dessus assignée pour être distribuée aux indigents, le jour de mes funérailles. . . . .
. . . .

Item. Je veux et ordonne que mes prébendiers (1) de Cornillon et de Saint-Germain-Laval, institués et prébendés par feu mon père et par moi, soient tenus et obligés, pendant leur vie, de célébrer les Saints Offices aux dites prébendes dans le monastère de Chazeaux.

Je veux et ordonne aussi que toutes les fois que lesdites prébendes ou l'une d'elles viendront à vaquer, par le décès des prébendiers qui les tiennent à présent ou de l'un d'eux, ou de toute autre

---

(1) On appelait *Prébende* une fondation de messes faite en faveur d'une église ou d'une société de prêtres. Le prêtre chargé d'acquitter les messes établies pour la fondation était appelé *prébendier.*

manière qu'elles puissent vaquer, icelles prébendes et leurs émoluments reviendront, seront dévolus et appartiendront de plein droit
audit couvent de Chazeaux, au profit et pour la subsistance de deux
autres frères mineurs célébrant les messes, résidant et desservant
audit lieu, auquel cas je donne et lègue lesdites prébendes aux
abbesse et couvent, de manière cependant que dans le cas où
l'abbesse actuelle, ou celle qui lui succèdera, ou son couvent, ne
tiendrait point lesdits deux autres frères mineurs et refuserait de
les y placer, pourvoir et entretenir des choses nécessaires ; en ce
cas, mon héritier universel, au refus de ladite abbesse, et un mois
après la réquisition qui lui en aura été faite par mon dit héritier,
icelui héritier pourra instituer et placer aux dites prébendes deux
prêtres et leur conférer lesdites prébendes pour y desservir en
l'église de Chazeaux à défaut et au lieu desdits frères mineurs, lesquels
prêtres percevront de plein droit lesdits émoluments et revenus
desdites prébendes, comme les précédents les avaient perçus, savoir
à chacun d'eux dix livres tournois payables chaque année à la fête
de la Toussaint. . . . .
. . . .

Item. Je veux et ordonne que mon héritier universel et ses successeurs à perpétuité, soient tenus et obligés de convoquer tous les
ans perpétuellement, en son hospice (1) et en ma terre, cinquante
prêtres pour célébrer les divins offices pour le repos de mon âme
et à pareil jour de mon décès et le même jour révolu de ma sépulture et de pourvoir convenablement à la subsistance desdits
cinquante prêtres pour le dîner, ainsi qu'à leurs clercs, à chacun
desquels prêtres, sera donné par mon dit héritier universel quinze
deniers viennois et à leurs clercs ce que mon héritier jugera à
propos.

Item. Je veux et ordonne que mon héritier soit tenu et obligé de
payer à chaque prêtre de ma terre et de la terre de Guillaume mon
fils, ayant la charge d'âmes, dix sols viennois une fois seulement ;
je donne et lègue à chacun d'eux un sol pour célébrer une fois un
anniversaire pour le repos de mon âme et de celle de mon très cher
mari Messire Guillaume de Poitiers. . . . .
. . . .

Item. Je donne et lègue au prieur de Saint-Paul-sous-Cornillon,

---

(1) Du latin *hospitium* dont le sens a quelquefois celui du mot français
habitation.

dix sols viennois annuellement et perpétuellement pour célébrer un
anniversaire perpétuel le jour de mon décès et que le prieur dudit
prieuré convoquera avec lui trois prêtres, pour célébrer, ledit jour,
les divins mystères pour le repos de mon âme et de celles de mes
parents . . . .
. . . .

Item. Je donne et lègue au curé de Cornillon cent sols de rente
annuellement et à perpétuité pour célébrer annuellement un anniversaire en son église le jour de mon *obit*, pour le repos de mon
âme et de celles de mes parents ; auquel jour il sera tenu de
convoquer trois prêtres pour célébrer lesdits saints offices. . . . .
. . . .

Pour tous mes autres biens, droits et actions, meubles et immeubles et revenus, à moi appartenant...... j'institue et fais mon héritier
universel mon cher fils Guillaume de Poitiers, chevalier, lequel sera
tenu de porter les armes de la maison de Beaudiner avec les armes
de son père Guillaume de Poitiers (1).

Et si ledit seigneur Guillaume mon fils et héritier universel venait
à mourir, je lui substitue son fils ou ses enfants mâles nés en
légitime mariage, nés ou à naître.

Et, à leur défaut, je substitue ladite Béatrix, dame de Crussol, ma
fille, et, si elle ne vivait point alors, son fils Gérald. . . . .
. . . .

(Suivent plusieurs substitutions) à la charge par celui ou
celle qui deviendra de fait héritier de ladite dame, de prendre
le nom de Beaudiner et d'en porter les armes avec les siennes.

Luce de Beaudiner désignait pour ses exécuteurs testamentaires messire de Canillac son gendre, messire Etienne de Vissac,
seigneur d'Arlanc, religieuses personnes messire l'abbé de
Montiac (?) et messire l'abbé de Valbenoîte, ordre de Citeaux,

---

(1) Les armoiries de la famille de Beaudiner étaient : D... au chef d...
chargé de trois fleurs de lys d...
D'après un sceau de 1314,
La famille de Poitiers portait :
D'azur à six besants d'or 3, 2, 1
Au chef du même.
(La Diana.)

le prieur de Canillac et le prieur de Saint-Paul-sous-Cornillon actuels, ou qui, pour lors, seront abbés et prieurs desdits lieux et messire Hugues, seigneur de Pierregourde, messire Guillaume de Monastier, Armand de la Rochain, chevaliers, messire Guillaume Blanc, Forez, seigneur de la Brosse, damoiseaux, et Jacques Loche. Elle priait le comte de Forez et l'archevêque de Lyon de veiller à l'exécution de son testament, au cas où ceux qui en étaient chargés feraient défaut ; elle suppliait même Philippe, roi de France, de s'en charger si les autres exécuteurs testamentaires venaient à manquer.

Deux mois après cet acte important, la vertueuse baronne de Cornillon quittait cette vie. Nous ne savons si elle mourut à Clavas, où le mal l'avait frappée, ou bien si, revenue dans le Forez à la faveur d'une de ces relâches qui semblent parfois enrayer les plus terribles maladies, elle eut la consolation de rendre le dernier soupir dans ce pieux asile où elle avait si souvent prié afin de terminer saintement sa carrière.

Les documents sont muets à cet égard, et laissent entièrement place aux conjectures. Quoi qu'il en soit, ce dut être, en toute la contrée, un jour de pénible tristesse et de deuil profond, celui où se répandit soudainement cette nouvelle : noble dame Luce de Beaudiner est morte, priez Dieu pour le repos de son âme !

Les religieuses de Chazeaux surtout la pleurèrent amèrement.

Conformément à ses dernières volontés elle fut enterrée dans la chapelle de l'abbaye, probablement au devant de l'autel, entre celui-ci et le chœur des religieuses. Du reste, il y a quelques années, on voyait encore dans cet endroit une longue dalle funéraire, chargée d'une croix fruste que n'accompagnait aucune inscription ; elle marquait, selon les habitants du pays, l'endroit où avait été inhumée la fondatrice de Chazeaux.

De plus, une curieuse coutume qui s'est perpétuée jusqu'à nos jours, semble confirmer cette tradition : il n'est pas rare, en effet, de voir des mères amener leurs enfants débiles ou souffreteux pour les faire marcher sur l'emplacement où se trouvait autrefois la pierre tumulaire (1).

A sa mort Luce de Beaudiner laissait 5 enfants :

1o Guillaume de Poitiers qui suit ;

2o Alix de Poitiers, femme d'Etienne de Vissac, seigneur d'Arlanc ;

3o Béatrix de Poitiers, mariée en 1310 à Jean Bastet, seigneur de Crussol ;

4o Florie de Poitiers, épouse de Jean Pagan d'Argental, seigneur de Mahun ;

5o Alixent de Poitiers, mariée à Marquis seigneur de Canillac.

Guillaume de Poitiers, chevalier, seigneur de Cornillon, baron de Beaudiner et de Montregard, hérita de tous les biens de sa mère, à la charge de joindre ses armes à celles de Beaudiner. Toutefois, il ne jouit pas longtemps de ses immenses biens ; car il mourut peu après son mariage avec Walpurge de Graignac (2).

Le seul acte où il soit fait mention de lui est une réquisition faite en son nom, le 3 juillet 1340, par Gilles d'Escotay, son châtelain de Cornillon et son fondé de pouvoir, à vénérable personne André, abbé de l'Ile Barbe et à Hugues de Varennes, prieur de Firminy, pour prendre acte de l'hommage qu'ils

---

(1) Vers 1870, M. Javelle, alors curé de Chazeaux, entreprit des fouilles dans la chapelle du monastère pour rechercher le corps de Luce de Beaudiner. Dans son ouvrage : *Le royal monastère de Chazeaux*, il en rend compte en ces termes : « Nos recherches n'ont amené à la lumière que des débris de toutes sortes, preuves manifestes d'une dévastation violente. Le cercueil a disparu. Il est probable que pendant les guerres du seizième siècle, où l'abbaye de Chazeaux fut presque détruite, les huguenots auront violé cette tombe, et qu'ils auront brûlé et jeté au vent les précieux ossements qu'elle renfermait. »

(2) A. Barban, dans son ouvrage *Recueil d'hommages, aveux et dénombrements du comté de Forez*, cite un Guillaume de Beaudiner qui épousa, le 17 novembre 1321, Sibille Solignac, fille de Beraud de Solignac, seigneur d'Aurec et d'Oriol.

devaient pour la garde militaire dudit lieu de Firminy dont étaient chargés, de toute ancienneté, les seigneurs de Cornillon (1).

Guillaume de Poitiers étant mort sans enfants, en vertu de la substitution insérée au testament de sa mère, tous les biens de la maison de Beaudiner allèrent à Béatrix de Poitiers, épouse de Jean Bastet de Crussol. C'est ainsi que les de Crussol devinrent seigneurs de Cornillon.

II

I. — La famille de Crussol tirait son nom de la terre du même nom située en Vivarais, sur les bords du Rhône. Béatrix de Poitiers, profitant de la substitution qu'avait faite Luce de Beaudiner, recueillit l'héritage de son frère Guillaume, mort jeune et sans enfants. Elle avait épousé, au mois d'octobre 1310, Jean Bastet de Crussol ; ce qui fit qu'il ajouta à sa qualité de sire de Crussol, celles de seigneur de Beaudiner et de Cornillon. Il rendait hommage au comte de Forez pour cette dernière terre en 1341.

En 1342 Luce de Beaudiner fut suivie dans la tombe par son fidèle serviteur Armand de la Rochain. Celui-ci, qui avait exercé pendant longtemps la charge de capitaine châtelain du château

---

(1) Dans cet acte, fait et passé dans l'église de Saint-Rambert, le 3 juillet 1340 le châtelain du seigneur de Cornillon... demandait en outre que l'abbé de l'Isle-Barbe duquel le prieuré de Firminy dépendait, défendît et protégeât les soldats du seigneur de Cornillon, comme doit le faire tout bon et loyal feudataire, et que si il arrivait qu'il s'élevât contestation entre les habitants dudit Firminy et les soldats dudit seigneur, ceux-ci ne pussent être traduits devant une autre justice que celle de leur dit seigneur de Cornillon....

Réquisition faite par le châtelain de Cornillon touchant le droit de garde de la ville et prieuré de Firminy.

de Cornillon, testa à Saint-Germain–Laval où il s'était rendu pour arranger certaines affaires de la succession de sa suzeraine. Son testament, fait le 8 février 1342, renferme d'importantes donations aux maisons et confréries religieuses de Cornillon et du voisinage : « Il choisit sa sépulture au tombeau de ses « parents dans le cimetière et cloître de Saint-Paul-en-Cornillon, « et fait des legs aux luminaires des églises de Cornillon, de « Saint-Paul, de Sainte-Marie de Firminy, de Saint-Ferréol, de « Saint-Just, de Marlhes et de la Chapelle-d'Aurec; à la con- « frérie de Sainte-Catherine de Cornillon, et, comme Hercule « son père, avait donné à Jehan son frère cent sous viennois, « il veut et ordonne que ladite somme soit payée audit Jehan « son frère. Il fait à Guillaume son fils, chanoine de St-Vallier, « une rente viagère de quarante sous viennois; pareille rente « à Jehan, son fils, religieux de l'Ile-Barbe ; pareille rente en- « core à son fils Hercule. Il veut et ordonne, en outre, que ledit « Hercule se fasse moine ou religieux d'un ordre honnête et « approuvé ; à Guicharde sa fille, il lègue deux cents livres « tournois et veut et ordonne que ladite Guicharde emploie ces « deux cents livres à s'établir convenablement ; à Marguerite sa « fille, il lègue un setier de seigle, mesure de Cornillon, et trois « charges de bon vin pur, à la même mesure, quarante sous « viennois que payera son héritier à ladite Marguerite, sa vie « durant; il veut et ordonne, en outre, que ladite Marguerite « entre dans l'ordre des religieuses du monastère de Seauve- « Bénite. Il donne à sa fille Françoise, sœur du monastère de « Chazeaux, quarante livres viennois.

« Il avoue et reconnaît, en outre, avoir reçu en dot de sa très « chère épouse Guicharde de Villeneuve, deux cent cinquante « livres et lui donne et lègue, en plus de sa dot, cinquante autres « livres; à la même Guicharde il donne et lègue en viager, les « revenus que noble dame Luce de Beaudiner lui a jadis « donnés et légués par testament et qu'il lève au mandement « de Cornillon, sur la ferme appelée du Pinet et de Frayssent-

» Meyant (1) (le grand Fraisse) ; à la même encore, il donne et
« lègue son habitation de Cornillon, pour y habiter, elle et sa
« famille, si elle le juge nécessaire; à la même Guicharde il
« donne et lègue douze ânées de vin pur, mesure de Cornillon,
« et cela tant qu'elle vivra et comptera parmi les humains.

« A l'église de Sainte-Marie de la Vallée (2), à Saint-Germain-
« Laval, il donne et lègue une fois pour toutes, une aumône de
« vingt sous tournois.

« Pour le reste de tous ses biens il fait et institue son héri-
« tier universel son très cher fils Armand et lui substitue suc-
« cessivement Hercule, son fils, s'il n'est pas encore entré dans
« un ordre religieux et profès; Guicharde sa fille, Marguerite,
« sa fille, si elle n'est pas encore entrée dans un ordre religieux
« et professe ; Jehanny de Rivin (Rivini) fils de Jehan de Rivin
« et de Catherine fille du testateur.

« Comme exécuteurs de sa dernière volonté, il choisit maître
« Humbert de St-Maurice, prieur de Serra ; maître Guillaume
« Blanc (Albi), chanoine de Vienne ; maître Pierre de Vernet,
« professeur de droit, et Guillaume de Villeneuve, damoiseau.

« Testament fait par devant Mathieu d'Ailleux de Saint-
« Germain-Laval, clerc juré de la Cour de Forez, en présence
« de Pierre de Misérieu, sacristain de Pommier, dom Jacques de

---

Testament de Messire de la Rochain.

(1)... *Dedit Guicharde redditus quos nobilis domina, domina Luca, domina
Belli-Prandii quondam, sibi dedit et legavit in suo testamento, qui percipiuntur
in mandamento Cornilhonis in manso vocato del Prin et de Fraysent Meyant
quamdiu dicta uxor sua vixerit. Item, eidem Guicharde dedit et legavit habita-
cionem domus suc Cornilhonis tantum quantum erit tibi neccessarium ad habi-
tacionem suam cum sua familia. Item, eidem Guicharde dedit et legavit duo
decim asinatas vini puri ad mansuram Cornilhonis de prima traycia que fiet
quolibet anno de vino vinearum suarum Cornilhonis quamdiu vixerit et fuerit
in humanis... »*
Du 8 février 1342.

(2) Il s'agit ici de Notre-Dame de Laval, qui était alors le plus célèbre péle-
rinage de la Vierge en Forez.

« Laval, prêtre, dom Jordan, curé de Pommier, dom Vincent,
« curé de Saint-Germain-Laval, Pierre Morel, Etienne de Barail,
« clercs, Guillaume Favre et lesdits maîtres Guillaume Blanc
« et Guillaume de Villeneuve, exécuteurs susnommés. »

En 1343 Jean de Crussol vendait, conjointement avec sa
femme, la moitié du château de Saint-Germain-Laval et tout
ce qu'ils possédaient au mandement de Saint-Just-en-Chevalet,
à Guy VII, comte de Forez. Celui-ci leur cédait en compensation
le tènement de la Tuilerie (1) aujourd'hui Triolière près Firminy
— situé entre les bois de Lambroisier et de Marlet, mandement de Saint-Victor et la maison et grange de Chamaresche,
territoire de Saint-Just-en-Velay. Comme on le voit, cette dernière acquisition étendait les limites du fief de Cornillon aux
dépens de la châtellenie comtale de Saint-Victor. Jean de Crussol testa le 13 Mai 1347 et sa veuve fit ouvrir son testament le
23 juin 1348. Il laissait deux fils qui devinrent successivement
seigneurs de Cornillon.

II. — Géraud Bastet, fils aîné de Jean Bastet, devint seigneur
de Crussol et de Cornillon à la mort de son père. Il conduisit à
l'armée royale en Flandre un chevalier et quatorze écuyers. A
son retour dans ses terres, il fit, avec Briand de Retourtour et
Gérenton de Solignac, seigneur d'Aurec et d'Oriol, une
incursion sur les terres de Josserand, seigneur de Saint-Didier-
en-Velay. La terre de ce dernier seigneur fut mise à feu et à
sang malgré les protestations du comte de Forez. Les coupables
obtinrent des lettres royales de rémission pour leurs crimes et
méfaits le 27 septembre 1350.

Géraud mourut sans enfant, laissant à Guillaume son frère et
ses titres et ses terres.

---

(1) *La Triollière* est un hameau situé sur la commune d'*Unieux*, entre le
village de ce nom et *La Croix Marlet*.

III. — Guillaume Bastet, seigneur de Crussol, de Beaudiner et de Cornillon, agissant comme seigneur de cette dernière terre, reçut le 25 décembre 1354, l'hommage de vassalité de Jean de Montouroux. Celui-ci reconnaissait tenir en fief franc et gentil, de son suzerain, sa grange de Montouroux avec ses appartenances et tout ce qu'il possédait au lieu de Cursieu, aux Brayes, à la Noyrie, à la Roche d'Ondaine, aux Girards, à Saint-Paul et à Cornillon.

Le 4 février 1359, se trouvant à Cornillon, Guillaume ratifia les généreuses donations faites à l'abbaye de Chazeaux par son aïeule Luce de Beaudiner. Quelques jours après, il confirmait en ces termes la charte autrefois accordée par ses ancêtres aux habitants des villes de Cornillon et de Saint-Paul :

Amplifications de Guillaume de Crussol, gendre de Luce de Beaudiner.

Nous Guillaume de Crussol, seigneur de Cornillon, savoir faisons que, considérant que les héritiers successeurs sont tenus et obligés d'observer et accomplir les traités et obligations, ainsi que les serments de leurs prédécesseurs, étant tenus aussi de les exécuter et garder inviolablement, à la prière et supplication desdits habitants, avons juré, approuvé et confirmé lesdites franchises et libertés contenues dans les lettres d'affranchissement, lesquelles, pour plus de sûreté, nous avons confirmées par notre serment sur les Saints Evangiles. Donné le 9ᵉ février 1355.

L'année suivante, il conduisit deux chevaliers et onze écuyers en Auvergne à Hugues de Tournoël avec lequel il fit campagne.

Guillaume avait épousé, le 2 juillet 1353, Humilie de Châteauneuf, fille d'Audebert. Cette date nous prouve que ce fut lui qui vendit le château de Cornillon, que nous retrouverons en d'autres mains qu'en celles de Géraud son fils.

III

Le fief de Cornillon fut acheté aux de Crussol par noble Bernard de Laire vers 1365. Il était fils d'Etienne de Laire, seigneur forézien, mais dont les ancêtres avaient été possessionnés en Dauphiné d'où la famille de Laire est originaire.

Le 21 août 1367, Bernard de Laire obtenait de Guillaume de Crussol quittance définitive de l'achat de Cornillon. Aussitôt après la prise de possession de sa nouvelle terre, il recevait l'hommage de ses nombreux vassaux ; c'était en effet la coutume qu'au changement de seigneur, les serments de vassalité fussent renouvelés. Un de ses principaux vassaux, Hugues de Montaissin, lui rendait hommage pour tout ce qu'il avait au mandement de Cornillon et lui jurait fidélité, « corporellement sur les Saints Evangiles, » le 13 octobre 1367.

En 1369, Bernard de Laire, qui était bailli de Velay, fit, dans le pays qui dépendait de son administration, l'acquisition de la terre de Versillac. Malheureusement les coutumes de Languedoc interdisaient aux officiers royaux, dans le ressort de leur juridiction, l'achat d'une terre d'un revenu supérieur à cent livres. Privé pour ce fait de sa charge et condamné à la prison, il obtint, grâce à ses amis et à ses démarches personnelles, la remise de sa peine. Peu de temps après, il fut même rétabli dans sa charge par Louis, duc d'Anjou, gouverneur de Languedoc, qui lui expédia ses lettres de réhabilitation, datées de Toulouse novembre 1370.

Le prieur de Firminy levait des dîmes dans la paroisse de Cornillon. Pour cela il devait en entretenir l'église et y faire célébrer trois messes par semaine ; or, il ne s'acquittait ni de l'un ni de l'autre de ces devoirs. Bernard de Laire et les habitants de Cornillon le citèrent par devant Nicolas de

Crémonie, auditeur des causes du palais papal, délégué par le pape Grégoire, qui condamna, le 24 novembre 1371, le prieur de Firminy à renoncer à la dîme de Cornillon ou à s'acquitter des obligations qu'elle lui imposait.

Le 13 octobre 1377, Bernard de Laire recevait l'acte de foi de noble Jean Taillefert, qui lui rendait hommage pour toutes les choses qu'il possédait au mandement de Cornillon « par les mains jointes et le baiser de la bouche, en signe de paix et d'alliance ». L'année suivante le seigneur de Cornillon rendait lui-même hommage au comte de Forez pour la terre de Cornillon et ses dépendances.

En 1380, Bernard de Laire fit restaurer les fortifications de Cornillon ; nous en avons la preuve dans une réclamation adressée par les habitants du Mas de Queyret, que ledit seigneur avait convoqués pour la reconstruction des murailles et palissades de son château de Cornillon et qui protestaient contre cette convocation « pour ce que de tout temps, ils avaient été contraints de travailler aux fortifications du château de Saint-Victor, qui appartient au comte de Forez ».

A sa mort Bernard de Laire laissa tous ses biens à son fils.

II. — Robert de Laire, seigneur de Cornillon et de Grigny, épousa Jeanne de Cassinel, dont il eut trois enfants. L'un d'eux Rodolphe, dit Raolet, épousa le 19 juillet 1397 Béatrix de Balzac, dame de Cuzieu en Forez. Ce mariage fut béni dans l'église de Cornillon, par le R. Père Hugues de Torenche, abbé de Valbenoîte (1).

---

(1) De la Mure, qui, dans son *Astrée sainte*, a consacré une notice à Hugues de Toranche (de Torenchy), donne pour origine à la famille de ce prieur un ancien petit fief du Forez, près de *Virignieu*, déjà détruit au temps de La Mure et désigné dans les anciens actes sous le nom de *Torrent* qui se serait depuis corrompu en celui de *Torenchy*.

Il y avait en effet, dans cette localité, au bord de la rivière de Torenche, sur la commune actuelle de *Haute-Rivoire*, un prieuré appelé aussi de Toranche qui avait droit de justice.

De ce mariage sont descendus les seigneurs de Laire-Cuzieu. Le fils aîné de Robert hérita de tous ses biens.

III. — Jean de Laire, chevalier, seigneur de Cornillon, Grigny et autres lieux, succéda à son père dans la baronnie de Cornillon. Il vivait à la fin du XIVe siècle. De son mariage avec Marguerite de Montagny il eut deux enfants. L'aîné Guillaume lui succéda comme seigneur de Cornillon.

IV. — Guillaume de Laire guerroya dès sa jeunesse contre les Anglais.

A cette époque il restait en Forez de petites bandes anglo-gasconnes qui terrorisaient la province.

En 1388, Etienne d'Antraigues, trésorier de Forez, donnait à Guillaume la somme de 1.000 francs « produit d'un fouage ordonné par monseigneur le duc de Bourbon » (1) pour la solde de douze hommes que ledit Guillaume doit entretenir pour la défense du pays de Forez, à la place de messire Robert de Chalus. Quelques mois après, le même trésorier donnait encore audit seigneur de Laire 240 francs pour augmentation de ses hommes d'armes, il ajoutait ensuite cinq francs pour envoyer un écuyer vers Bernard de Guerlain à Loese (?) « faire réponse de ce que ledit Guillaume a écrit à messire le bailli sur le fait des trèves avec les Anglais..... » Le 22 octobre Guillaume de Laire était à Cuzieu, chez son parent Raolet de Laire, lorsqu'il reçut de la part du comte de Forez, Guillaume le Taconeur, lui apportant l'avis « que quatorze Anglais estoient embuchiez en la forez de Bas ». Ce fut probablement à cette bande qui ravageait le pays entre Bas et Saint-Bonnet-le-Château, que Guillaume de Laire fit dix prisonniers qu'il conduisit au comte de Forez. Toutefois celui-ci ne les garda pas longtemps : car

---

(1) Guillaume de Laire avait succédé l'année précédente, dans la charge de « capitaine des gens d'armes du comté de Forez », à messire Robert de Chalus.

il les remit en liberté pour ne laisser aux Anglais aucun prétexte « de dommager le pays (1). »

Grâce à ses talents militaires et à son expérience des affaires,
Guillaume de Laire fut nommé en 1407 gouverneur de la province
du Dauphiné. Cette charge prouve de quelle confiance il jouissait à la cour, car le gouverneur de Dauphiné était une sorte
de vice-roi ayant les pouvoirs les plus étendus (2).

En 1410 nous le retrouvons à Cleppé où il était l'hôte de la
Duchesse de Bourbon en même temps que « la Dame de Cousan,
le bastar de Bourbon, messire Guichard d'Urfé, les seigneurs
de Saint-Priest et de Feugerolles, la dame d'Entraigues et le
parent de Guillaume, Raolet de Laire, seigneur de Cuzieu..... »
Le dîner qui fut donné à cette occasion est inscrit au livre du
trésorier de Forez pour une dépense de 366 livres, 1 sol, 1 denier
tournois ; y estant vingt pauvres en même temps que lesdits
seigneurs.

Le nom de l'épouse de Guillaume de Laire est inconnu ; nous
savons seulement qu'il mourut dans la première moitié du XV⁰
siècle (3) et qu'il laissa tous ses biens à son fils aîné Jean qui
suit.

---

(1) Nous trouvons de cette époque un acte par lequel les conservateurs
des trèves entre les rois de France et d'Angleterre, « requèrent et poursui-
vent que les biens et prisonniers pris sur les diz Anglais, par messire
Guillaume de Laire, capitaine des genz d'armes de Forez et ses compagnons
depuis les trèves, soient renduz, ou autrement ils gaigneront le pais et ne
lui tiendront pas les trèves suivant les ordonnances... »

(2) Chorier nous dit que les gouverneurs généraux du Dauphiné avaient
tous les attributs et tous les droits des vice-royautés..... Ils donnaient grâces,
rémission et abolition de tous crimes, à la réserve de celui de lèse-majesté...
Pour tout dire, ils étaient chefs de la justice et des armes. Ils assemblaient
les trois estats quand ils le jugeaient à propos, levaient des armées, convo-
quaient l'arrière-ban pour la défense du pays, fortifiaient les places et
establissaient des garnisons dans celles qui en avaient besoin..... et cette
authorité estait peu éloignée de l'absolue.

(3) Guillaume de Laire vivait encore en 1422, puisque nous le voyons
cette année-là intervenir auprès de Jean II comte de Forez, pour obtenir la
grâce d'Amblard de Berchoux, seigneur de Gourgois et des Bruneaux,

4

V. — Jean de Laire, deuxième du nom, chevalier, seigneur
de Cornillon, de la Motte et de Grigny (1), eut d'abord à défendre
les droits de justice de sa seigneurie de Cornillon contre les
prétentions des officiers de la Châtellenie de Saint-Victor. Ceux-
ci prétendaient que tous les cas, dépassant une amende de
soixante sols ou pouvant entraîner la mutilation du corps,
ressortaient de la justice de Saint-Victor ; ils soutenaient de fait
cette prétention en donnant aux justiciables de Cornillon, des
lettres de recours et d'appel qui les soustrayaient à la juridiction
de leur seigneur. Jean de Laire fit déclarer nulles et sans effet
les lettres des officiers, et en 1456, il obtint un jugement déclarant que la seigneurie de Cornillon était de toute justice et que
les cas qui excédaient la justice seigneuriale étaient du ressort
de la Cour du présidial de Forez et ne relevaient pas des officiers de la châtellenie de Saint-Victor.

Dans le courant de la même année, des difficultés s'élevèrent
entre le seigneur de Cornillon et le Prieur de Firminy, Lyonnet
de Morand. Le fond de cette querelle était que le seigneur de
Cornillon prétendait que son territoire avait sensiblement
diminué par les changements qu'avaient subis les anciennes
limites ; qu'elles s'étendaient autrefois savoir : « du côté de
Firminy, du ruisseau de *Gampille* tendant à la fontaine ou
Vieil Infirmerie, de là aux ormes de *Chassagnes*, desdits ormes

---

capitaine châtelain de Cornillon, condamné à mort pour avoir soutenu les
armes à la main la cause des Bourguignons.
Dans notre étude, *Notes et documents sur Saint-Maurice-en-Gourgois*, se
trouve un article sur la famille de Berchoux dont les membres furent successivement, pendant deux siècles, capitaines châtelains de Cornillon (J. P.)

(1) « Dans sa jeunesse, Jean de Laire avait fait le voyage de Rome, à l'occasion du grand jubilé annoncé au monde chrétien pour obtenir l'argent
nécessaire à la réparation des églises de la ville éternelle qui n'étaient pas
aussi durables qu'elle. Jean de Grolée, protonotaire apostolique et trésorier
du Pape pour la réception du prix des indulgences, lui donna, le 8 août 1451,
un certificat où il déclarait qu'il avait reçu de lui la quatrième partie de la
somme qu'il s'était engagé à payer. De plus, il lui permettait de se choisir
un confesseur qui aurait pouvoir de l'absoudre, sauf les cas réservés au
Saint-Siège, estant contrit, humilié et repentant. » (L. T.-V.)

au trève de *Mochachapz*, en suivant le chemin qui va du hameau
ou ferme sous Firminy au bois de Saint-Just ou à Saint-Didier,
tendant droit au bois de *Brussins-d'Estal*, en suivant le chemin
jusqu'à une certaine pierre blanche, plantée sur la lisière dudit
chemin du côté de vent et de couchant, laquelle pierre blanche
est assise au territoire appelé de *Boyssa-Brayer*, lequel chemin
divise et fait séparation des mandements susdits, ainsi qu'il
apparaissait par une transaction passée entre Luce de Beaudiner et frère Josserand de Fayne, prieur de Firminy, et que
les prédécesseurs du prieur moderne avaient depuis peu changé
l'ancien chemin au préjudice du seigneur de Cornillon et de ses
justiciables ».

Le prieur, au contraire, assurait et affirmait que le chemin
était placé où il devait être et où il avait été de tout temps sous
ses prédécesseurs; que cependant, ledit chemin étant placé sur
une montagne, les paysans avec leurs chars, les animaux et les
voyageurs avaient bien pu changer le chemin en plusieurs endroits, ce dont il ne convenait cependant pas; qu'au surplus,
les limites du prieuré n'étaient pas mieux respectées, et que, en
perdant d'un côté, le seigneur de Cornillon gagnait de l'autre;
qu'il n'était pas possible d'obvier à cet inconvénient, parce que
les paysans, qui ne sont pas plus bêtes que leurs bœufs, savent
parfaitement que pour escalader une montagne, on le fait plus
aisément par zigzags qu'en suivant la ligne droite. Il termi-
nait en demandant que le chemin restât tel qu'il était, seulement
qu'il fût aligné.

Il fut alors convenu que le chemin serait rétabli dans son
ancien état ; qu'il serait commun et indivis entre les deux
parties; que les amendes pécuniaires qui proviendraient des
criminels pris sur ce chemin seraient communes, et que leurs
officiers, le 1ᵉʳ occupant, pourraient faire les informations et
infliger les peines au profit desdits seigneurs; qu'il serait posé
des bornes de chaque côté dudit chemin, pour mieux établir la
division des deux mandements.

En conséquence, quatorze bornes furent plantées du côté de la terre de Cornillon, depuis la pierre blanche jusqu'au carrefour appelé de la Pastelle et du côté de celle de Firminy, treize ; et à la place de la onzième, les commissaires ont fait une croix dans une roche, ce qui fait la quatorzième borne. Acte reçu par Denis Pellissier et Jean Beynod, dans la maison prieurale, le 13 décembre 1456.

En 1459 Jean de Laire obtint de Jean de Bourbon, comte de Forez, l'autorisation d'élever des fourches patibulaires à trois piliers (1), marque de son droit de haute justice. Nous ne savons si le seigneur de Cornillon fit mettre immédiatement à exécution la permission donnée ; car un acte de beaucoup postérieur lui renouvelle cette autorisation et lui reconnaît « le droit de faire arrêter les délinquants et de les conduire dans les prisons du château de Cornillon » (2).

Deux ans après, Jean de Laire, étant absent de son château de Cornillon, donnait à sa femme Marie de Brionne permission et procuration pour concéder en exploitation à Georges de la Noierie, paroissien de Firminy, le moulin que led. seigneur de Cornillon possédait au-dessous du prieuré de Saint-Paul. Par cet acte, la Dame de Brionne concédait « les droits de mouture et les redevances dues pour led. droit aud. Georges de la

(1) *Les fourches patibulaires* étaient des colonnes de pierre, au haut desquelles il y avait une traverse, où on suspendait les criminels condamnés à mort. Elles étaient la marque de la haute justice. Le nombre des piliers était un signe de la dignité du seigneur. Les seigneurs châtelains avaient trois piliers ; les barons, quatre ; les comtes, six, etc. En Forez, le Comte seul avait le droit d'élever des fourches patibulaires de plus de trois piliers ; les quatre grands barons de la province, ceux *de Cornillon, de Gousan, d'Écotay et de Saint-Priest* n'en avaient qu'à trois piliers.

(2) « *Accord de justice du 15 mars 1482 entre Antoine Landighois, notaire à Tiranges, fondé de la procuration de Jean de Layre, seigneur de Cornillon, et maître Pierre Desrois, substitut du procureur du roi au bailliage de Velay, qui établit que ladite justice de Cornillon a la faculté et autorité de faire ériger des fourches patibulaires et autres insignes de haute justice dans l'étendue des limites du mandement de Cornillon..... comme aussi faire arrêter les délinquants et les conduire dans les prisons du château de Cornillon... »*

Noierie....., moyennant trois mesures de froment et deux
septiers de seigle, à la mesure du grenier (grenette) dud. lieu
de Cornillon », à payer le jour de la Toussaint. De plus, la Dame
de Cornillon concédait aud. Georges et aux siens, la jouissance
des franchises et libertés des autres habitants de Saint-Paul (1).
Mais il devait « incontinent moudre le grain dud. seigneur
chaque fois qu'il lui plairait d'en faire mener aud. moulin ».

Cet acte fut fait et passé au château de Cornillon, le
20 novembre 1461.

Cependant cet acte n'ayant pas été homologué par la Cour
de Forez, et aussi « pour ce que Gabriel d'Aussure, dit de
Villeneuve, notaire public, surpris par la mort, n'avait point
mis en forme de grosse les actes contenus dans les protocoles
et registres par lui reçus de son vivant..... » il fallut renouveler
la concession, et, en 1475, le droit de mouture fut de nouveau
accordé à Louis de la Noierie, héritier de Georges de la Noierie,
en même temps que la jouissance d'une terre sise au Chambon.

Le 10 avril 1465, le sénéchal de Lyon délivra à Jean de Laire
un certificat pour attester qu'il avait envoyé, pour le service du
roi, deux hommes d'armes avec leurs chevaux. Ces deux hommes
étaient : l'un Jean de Villeneuve, de Firminy, qui servait en
qualité de *cottilier* (2), et l'autre Balthazard du Savel, *archier* (3).
La sénéchal mandait en même temps au seigneur de Cornillon,
de se présenter pour jurer que lesd. hommes serviraient le roi
« *bien et loyaument, à ses périls et fortunes* ».

Jean de Laire était parvenu à un âge fort avancé, lorsqu'il
eut avec une de ses filles Gabrielle de Laire, abbesse de Chazeau,
un singulier procès. Depuis plusieurs années l'abbesse de

---

(1) Les ruines du moulin dont il est ici question se voient encore aujourd'hui
sur les bords de la Loire au-dessous du village de *Saint-Paul-en-Cornillon.*

(2) Le *cottilier* était un homme d'armes revêtu de la *cote,* sorte de
justaucorps en mailles de fer.

(3) *Archier* ou *archer;* tireur d'arc.

Chazeaux avait acquis dans le mandement de Cornillon différentes terres pour lesquelles elle n'avait point acquitté de droits de mutation. Jean de Laire réclama, demandant qu'elle se fît investir de ses terres et qu'elle en acquittât les droits ; il réclamait, en outre, une indemnité parce que, disait-il, les terres acquises devenaient des biens de mainmorte, causant ainsi un véritable préjudice au seigneur ; il défendait de plus aux religieuses de ramasser et prendre du bois dans sa forêt de Lambrossier. Toutefois l'abbesse de Chazeaux eut facilement gain de cause contre son père au sujet de cette dernière défense ; elle savait, en effet, mieux que personne que Luce de Beaudiner, dans l'acte de fondation de Chazeaux, avait accordé aux religieuses et à leurs serviteurs permission pleine et entière de prendre et ramasser du bois dans la forêt de Lambrossier. Les deux premières difficultés étaient beaucoup moins faciles à résoudre. Les parties cependant finirent par s'entendre, et, grâce à l'habileté des intermédiaires, un accord fut signé entre le père et la fille le 23 juillet 1489. Il fut convenu : « Premièrement, que bonne paix, véritable amour et concorde finale règneront, dès à présent, et, à l'avenir, entre lesd. parties, comme autrefois.

« *Item*. Transigent et accordent lesdites parties que, à l'égard des possessions, terres, vignes acquises par lad. Dame abbesse de Chazeaux, lesdites permutations, acquisitions, seront visées et examinées par led. seigneur de Cornillon, et, l'examen fait, s'il appert que les choses ont été acquises au préjudice dud. seigneur de Cornillon, icelui seigneur de Cornillon pourra les réparer, corriger et entièrement réformer, ainsi qu'il plaira aud. seigneur et qu'il avisera bon être ; lequel a, par les présentes, tout pouvoir et autorité, toutes les fois qu'il le jugera à propos. . . . .

. . . .

« Plus, il a été convenu et accordé, entre les parties, que lad. Dame et les autres Religieuses dud. monastère et couvent pourront et devront, chaque année, et toutes les années à venir, prendre ou faire prendre aud. bois de Lambrossier, pour leur chauffage, cinquante chariots de bois mort, si tant s'en peut trouver, ou d'autres qui causeront le moins de dommage, et ce, par forme de provision, jusqu'à ce qu'autrement il en ait été ordonné ; le présent accord ne pouvant aucunement préjudicier aux droits dud. seigneur.

« Il a été dit cependant, que les présents transports et permissions ne pourront aucunement servir et encore moins annuler les clauses énoncées dans l'acte de fondation, qui demeureront dans leur entier et dans leur force et vertu, nonobstant la teneur du présent accord. »

Dans une lettre royale donnée à Monsoreau le 25 avril 1491, Jean de Laire est qualifié de « noble et puissant seigneur, écuyer de l'hôtel du roi, seigneur et baron de Cornillon ».

Cette lettre l'exemptait de paraître au ban et à l'arrière-ban de la noblesse et motivait cette exemption non seulement sur son grand âge, mais encore sur les éminents services « *par lui rendus à la couronne, d'autant qu'il avait encore un fils au service de Sa Majesté* ».

On attribue à Jean de Laire les changements apportés à l'église de Cornillon dans la dernière période de l'art ogival. A cette époque, en effet, appartiennent la sacristie actuelle qu'il fit édifier pour en faire son tombeau et le gracieux portail qui orne actuellement la façade de l'église. Ce portail, de gothique flamboyant, est formé par une série de colonnettes et de nervures qui se rejoignent au sommet de l'arc ogival. Le tympan était autrefois orné d'un écusson aux armes des de Laire : *D'argent au lion de gueules* ; mais aujourd'hui indéchiffrables.

On voit encore dans la sacristie actuelle de l'église de Cornillon la pierre tombale de Jean de Laire et de sa femme Marie de Brionne. C'est une dalle rectangulaire de 2m,15 de longueur et de 1m,15 de largeur. Elle porte tout autour une inscription gothique, en partie effacée, mais dans laquelle

toutefois on retrouve le nom de Marie de Brionne et la date de
1462 ; cette année est vraisemblablement celle de la mort de
Marie de Brionne ; mais nous ignorons la date exacte de celle
de son mari. Les deux seigneurs sont représentés en traits de
grandeur naturelle, couchés, les mains jointes sur la poitrine.
Le dessin, à la fois ferme et délicat de cette dalle funéraire,
l'a fait estimer comme un travail remarquable de cette époque.

Jean de Laire laissa cinq enfants, dont les deux premiers
furent successivement seigneurs de Cornillon.

VI. — Guillaume de Laire, deuxième du nom, chevalier,
seigneur baron de Cornillon, épousa Jeanne d'Albon, fille de
Guichard, seigneur de Saint-André, dont il n'eut point d'enfants ;
son frère lui succéda.

VII. — Jacques de Laire, chevalier, seigneur et baron de
Cornillon, de la Motte et de Grigny, épousa Antoinette de
Tournon, fille de Jacques de Tournon et de Jeanne de Polignac.
Elle était sœur de François de Tournon, archevêque de Lyon et
des évêques de Rodez et de Valence.

Antoinette de Tournon, dame de Cornillon, fut au nombre
des cent dames que la reine Claude de France avait désignées
pour les faire jouir du privilège qui lui avait été octroyé par le
Pape, de se choisir un confesseur qui avait droit de les absoudre,
même des cas réservés au Saint-Siège.

Jacques de Laire étant à l'armée, occupé dans les guerres de
Naples en qualité de lieutenant de cinquante lances, obtint du
roi Louis XII des lettres d'État, datées de Lyon le 20 avril 1503,
qui ordonnaient de surseoir pendant trois mois aux procès qui
lui étaient intentés.

Jacques de Laire fit faire d'importantes réparations au
château de Cornillon ; on peut dire même qu'il lui donna la
physionomie qu'il a encore actuellement. En effet, il fit construire le grand escalier d'honneur, formé par une spirale, qui

de la petite cour intérieure conduit aux différents étages du château. Ce travail, fait avec des matériaux de premier choix et par des architectes habiles, a résisté aux injures du temps. Cet escalier est enfermé dans une tour hexagonale et toutes les marches partent d'une colonne centrale pour s'encastrer dans le mur. Au sommet la colonne s'épanouit en forme de palmier dont les tiges forment les nervures qui soutiennent la voûte de la tour. Un portail carré, surmonté d'une accolade ornée de motifs sculptés, y donne accès. La façade, au milieu de laquelle se trouve un des côtés de la tour, rappelle la Renaissance ; elle est percée à chaque étage d'étroites fenêtres géminées placées à inégale hauteur.

On attribue au même seigneur la dernière « mise en état » du donjon. Ce fut lui, vraisemblablement, qui fit percer, dans les murs latéraux, les grandes fenêtres à meneaux qui les ornaient. En raison de certaines difficultés qu'il avait eues, au sujet du payement de la dot de sa femme, plusieurs auteurs ont cru qu'il avait affecté aux réparations du château de Cornillon, une partie notable de la somme qu'elle lui avait apportée.

Jacques de Laire était mort avant le 12 décembre 1520, puisque nous trouvons à cette époque une abenevis d'un moulin sur l'Ondaine fait à Jean Déchandon, dud. lieu d'Echandon, paroisse de Firminy, par noble Antoinette de Tournon, dame de Cornillon, comme tutrice de ses enfants. Dans cet acte, elle donnait aud. Déchandon la permission de « reconstruire et de réédifier le moulin qui était autrefois en cet endroit, sur la rivière d'Ondaine, au-dessous du moulin Vieux desd. Jean et Claude Déchandon ses cousins, savoir au pied du bois appelé de Maleval,..... » ne se réservant que la directe seigneurie et le cens accoutumé pour le droit de mouture. En retour, led. Déchandon donnait à lad. dame vingt sols tournois et une redevance annuelle d'une quarte de blé seigle, à la mesure du grenier de Cornillon ; il s'engageait à doubler cette dernière redevance dans le cas où le moulin Vieux, alors appartenant à

ses cousins, serait emporté par les eaux et tant que celui-ci
serait en ruine (1).

Jacques de Laire laissait deux enfants, Gaspard de Laire qui
hérita de tous ses biens, et Suzanne de Laire qui les obtint par
substitution après la mort de son frère et les porta à la famille
de Lévis-Ventadour par son mariage avec Gilbert de Lévis.

VIII. — Gaspard de Laire reçut en 1518 des lettres de rémission du roi François Ier l'autorisant à attendre deux ans pour
lui prêter foi et hommage, en raison de sa terre de Cornillon,
dépendant du comté de Forez, que le roi venait de confisquer
sur le Connétable de Bourbon. Ces lettres, ainsi que celles
qu'il obtint deux ans après, lui étaient concédées en raison de
son jeune âge, — il n'avait que neuf ans lors des premières, —
et des services rendus par son père à la couronne de France.

Gaspard de Laire mourut jeune à Nole, ville du royaume de
Naples. Le 6 juin 1529, il dictait à son confesseur ses dernières
volontés, en présence de sept témoins. Ce testament, signé
Cornillon et Damezotz contenait cette clause curieuse : « veut
que tous ses serviteurs fussent payés de leurs gaiges et qu'ils
fussent crûs par leur serment de ce qui leur est deub, tant de
l'argent qu'ils luy pourroient avoir presté que de leurs services
et, oultre ce, veult estre bailhé à chacun une robe et une
monture. » (2).

---

(1) *Abenevis passé par Antoinette de Tournon, dame de Cornillon, à Jean
Déchandon d'un moulin sur la rivière d'Ondaine.*

(2) « Il paraîtrait, d'après un renseignement que nous trouvons, que le
terme de serviteur dont se sert le testateur est loin de désigner un
domestique, comme l'expression pourrait le faire supposer. C'est une
quittance passée à Gilbert de Lévis, mari de Suzanne de Laire, par noble
Jean de Faïn (Fay), seigneur de Lérin dans la paroisse de Saint-Maurice-
de-Lignon, au diocèse du Puy, qu'il a été payé *de tous et ung chacun, les
légats faits par ledit Gaspard en son testament, et de tous les gaiges qui luy
pouvaient estre deubs de tout le temps qu'il avait demeuré au service dudit de
Laire et d'autres choses, pour la somme de 800 livres..., à luy respondue par
le rentier* (percepteur) *de Cornillon. Reçu Rigaud, le 29 juillet 1532.* (L. T.-V.) »

Il institua pour son héritière, Suzanne de Laire sa sœur, en lui substituant ses deux cousins Antoine et Jean de Tournon, au cas où elle viendrait à mourir sans enfant.

IV

I. — La maison de Laire étant tombée en quenouille en la personne de Suzanne de Laire, dernière héritière de cette famille, tous ses biens passèrent aux Lévis-Ventadour par le mariage de Suzanne avec Gilbert de Lévis-Ventadour, en 1538

Gilbert de Lévis avait été élevé à la Cour de France comme page de François Ier. Dans la suite, en 1531, il devint panetier du roi et, en 1533, il accompagna celui-ci dans son voyage au Puy. Il mourut en 1547, à l'âge de 46 ans. De son mariage avec Suzanne de Laire, il avait eu cinq enfants; l'aîné, qui portait le même nom que lui, hérita de ses biens (1).

II. — Gilbert, troisième du nom, comte de Ventadour, baron de Cornillon, etc., épousa, le 25 juin 1553, en présence du roi, Catherine de Montmorency, fille d'Anne de Montmorency, connétable de France et de Madeleine de Savoie.

Gilbert de Lévis avait confié la charge de capitaine-châtelain de Cornillon à Jean d'Aboin (2), gendarme de sa compagnie, fils

---

(1) « Gilbert de Lévis obtint de Rome des *lettres de fulmination de monitoire*, contre les notaires et autres personnes qui recelaient les papiers et documents qui servaient au payement des cens, rentes, lods et autres droits dépendant de la seigneurie de Cornillon, et contre toutes les autres personnes qui leur détenaient de la vaisselle d'or ou d'argent et autres meubles. *Reçu Salvandi, 6 novembre 1531.* » (L. T-V.)

(2) Jean d'Aboin avait succédé à son père comme capitaine-châtelain de Cornillon. Son fils Georges d'Aboin est connu pour avoir défendu vaillamment, contre les protestants, la ville de *Saint-Bonnet-le-Château*. Ceux-ci s'en vengèrent en mettant au pillage la *maison-forte d'Aboin* et en livrant aux flammes les titres et terriers qui s'y trouvaient.

de Gabriel d'Aboin et de Michelette de Laire, fille donnée de
Pierre de Laire. Malheureusement ce seigneur n'était pas à la
hauteur de sa tâche et il abandonna honteusement le poste qui
lui était confié sur le bruit des mauvais traitements que le baron
des Adrets faisait endurer aux garnisons, surtout aux chefs des
châteaux dont il s'emparait.

On était alors en pleine guerre religieuse et, pendant ces
temps troublés, les châteaux féodaux qui avaient conservé leurs
murailles devaient jouer un certain rôle dans l'histoire et être
souvent disputés entre les deux partis ennemis. Le château de
Cornillon notamment, situé sur les confins du Forez et du
Velay, pays où les luttes religieuses furent très vives, attira de
bonne heure l'attention des chefs du parti catholique, qui y
tinrent constamment leurs hommes d'armes. Aussi, dès qu'il
apprit la défection de Jean d'Aboin, le gouverneur de la province
s'empressa-t-il de pourvoir au remplacement de ce lâche capitaine et de nommer à sa place Guillaume de La Tour (1)
« chevalier, distingué par ses longs services, sa bravoure, sa
fidélité, son expérience au métier des armes et ses amitiés
illustres ». Nous avons, en effet, la preuve de ses hautes relations
dans une lettre que lui écrivait Mandelot, gouverneur de la
ville de Lyon, qui le traitait de cher « et affectionné ami » et où
il lui disait : « On me donne avis que aucuns de ceux du parti
de Monsieur, frère du roi, ont intelligence dans le château de
Cornillon par le moyen de ceux qui y sont ; je veux croire et
m'assurer que cela ne vient point de vous, qui me fait vous
escrire la présente et prie, incontinent la présente reçue, si vous
n'y estes, de vous y transporter pour y pourvoir et remédier
ainsi que vous connoitrez estre du mieux pour la conservation
dudit lieu en l'obéissance du roi, mesmement en ôter et faire

(1) Guillaume de La Tour était fils de Charles de La Tour qui reçut du roi
François Iᵉʳ, alors à *Saint-Galmier*, le brevet de capitaine d'une compagnie
de cinq cents arquebusiers et de Alix de Fieu, originaire de *Bus-en-Basset.*

sortir ceux desquels vous n'avez point la fiance, telle que de vous mesme, et n'y laissez que gens desquels vous puissiez répondre ainsi que de vous, etc. »

« Signé DE MANDELOT. »

A cette époque, Guillaume de La Tour, qui était à Cornillon, où sur les recommandations de Pierre d'Epinac, archevêque de Lyon, il s'était enfermé avec 40 hommes d'armes et 60 archers, prit immédiatement les mesures nécessaires pour la sûreté de la place.

Quelque temps après, il recevait une lettre écrite de Saint-Chamond, par le comte de Miolans, lui ordonnant « de tenir sa compagnie prête et en meilleur équipage que faire se pourra; qu'il lui fera connaître le lieu du rendez-vous et qu'il compte que sa troupe sera preste et leste pour faire un bon service au roi. » Il finit en l'appelant son cher ami et compagnon.

La convocation du chef catholique ne tarda pas à parvenir à Guillaume de La Tour, car peu de temps après, au mois de juin 1570, il quittait Cornillon pour prendre part avec ses hommes d'armes au combat du Bessac où il fit des prodiges de valeur.

Aux jours troublés dont nous écrivons l'histoire, Cornillon était une forteresse importante; non seulement ses anciennes fortifications avaient été restaurées et en partie reconstruites à la fin du XVᵉ siècle, sous Jacques de Laire; mais encore elles avaient été augmentées sous le premier seigneur de la maison de Lévis, et, plus récemment, au commencement des guerres de religion. Nous avons aussi la preuve de son importance dans une lettre écrite par Mandelot au capitaine-châtelain Guillaume de La Tour, le 26 mai 1570, dans laquelle il lui recommandait « d'avoir l'œil sur la conservation du château de Cornillon, la principale place de ce pays ». Cette recommandation n'était pas inutile, si l'on se rappelle qu'à cette époque Coligny venait de s'emparer de Saint-Etienne et que le chef huguenot y étant tombé malade, les troupes religionnaires, au nombre de plus de quatre mille, se répandirent dans les campagnes environnantes, pillant les villages et les hameaux et livrant aux flammes les maisons religieuses. Dans ces jours néfastes, l'abbaye de Valbenoîte fut livrée aux flammes et les prieurés de Firminy et de Chazeaux (1) pillés et détruits en partie. On voit, par ce récit et par la situation des maisons religieuses détruites, que la recommandation de Mandelot à Guillaume de La Tour n'était pas inutile, s'il tenait à conserver la « bonne place » de Cornillon.

En 1574, Guillaume de La Tour quitta de nouveau le château de Cornillon pour se porter, avec ses hommes d'armes, au secours des catholiques du Velay. Dans cette campagne, il aida à reprendre les châteaux de Chapteuil et de Bellecombe, la ville de Tence, dont les habitants furent passés au fil de l'épée, et le château-fort de Saint-Pal-de-Mons. Il s'empara de cette dernière place, où les huguenots étaient fortement établis, avec l'aide de son parent Aymard de Saint-Priest. Les deux seigneurs avaient accordé « vie et bague sauves » aux défenseurs de la place; mais Aymard de Saint-Priest, sans égard pour la parole donnée, fit égorger ces malheureux livrés à sa merci, hormis six qu'il fit conduire dans son château de Saint-Priest, où il les fit massacrer et puis traîner sur une claie, sur la place du pré de la Foire à Saint-Étienne, afin, disait-il, d'épouvanter les hérétiques qui se trouveraient dans cette ville.

Le séjour des hommes d'armes et les différents sièges que Cornillon avait eu à soutenir, avaient fait de grands dégâts au château, ainsi qu'aux différentes murailles fortifiées qui entouraient la place. Aussi, en 1585, Gilbert de Lévis sommait-il les habitants d'entretenir et restaurer « les tours, courtinages et remparts dud. château ». Les habitants, après avoir refusé

---

(1) A cette époque, le monastère de Chazeaux fut livré aux flammes par les huguenots : « *Cœnobium Casalium patuit ruinæ magnæ et diræ a neotericis actum fuit....* » dit un manuscrit de la Bibliothèque Nationale.

d'abord de se soumettre aux injonctions du seigneur, firent avec lui une transaction par laquelle ils convinrent : « de lui payer dans le présent 60 escus d'or pour les réparations dud. château et à l'avenir, annuellement, 6 escus d'or pour l'entretenir en bon et dû estat... » (1). Les fortifications restaurées, grâce à la redevance des habitants, ne tardèrent pas, du reste, à être utilisées de nouveau. En effet, après avoir été une des places-fortes du parti catholique, Cornillon devint au temps de la Ligue un boulevard de la cause royaliste que ses propriétaires avaient embrassée. Aussi, en 1589, Anne d'Urfé vint-il mettre le siège devant cette place, avec les troupes que le consulat et les échevins de Lyon lui avaient fournies, pour faire rentrer le Forez sous la domination de la ligue. Nous savons qu'il s'empara de Cornillon, car il l'écrivait lui-même aux consuls de Lyon dans une lettre datée de Firminy le 21 août 1589 :

Messieurs, vous voirez par ce qui s'est passé, dont je crois que Monseigneur le marquis de Sainct-Sorlin vous aura avertis, comme je me suis aidé jusques icy de ce que vous m'avez mis entre les mains. Baste, que Montrond et Cornillon sont rendus entre nos mains à très belles compositions. On nous a promis Andance. Je veilleray à bien achever ce qui est à faire. Ramenant les pièces, je vous rendray grâces de l'amitié que vous avez montrée à tout ce païs et à moy particullièrement de nous en accommoder, vous assurant qu'en touttes les occasions où il vous plaira m'employer, je vous feray service d'entière affection, et plus librement que je ne le dict, pour estre plus libre de bons effaicts que de parole ; et sur ce je supplieray le Créateur, messieurs, vous donner très heureuse et longue vie.

Vostre bien humble à vous faire service.

URFÉ.

Après la prise de cette place, le duc de Nemours, chef des ligueurs, en confia la garde à Jean de La Tour qui y tint

(1) *Transaction passée le 28 mai 1585 entre haut et puissant seigneur Gilbert de Lévis duc de Ventadour, baron de Cornillon, et les consuls dudit lieu agissant au nom des habitants et manants dudit Cornillon.*

garnison avec ses hommes d'armes et la défendit contre les
royalistes, comme son père Guillaume de La Tour, le vaillant
soldat catholique dont nous avons esquissé les hauts faits,
l'avait autrefois défendue contre les Huguenots.

Gilbert de Lévis mourut à la Voulte en 1591, chargé de titres
et d'honneurs, car il était gentilhomme de la chambre du roi
depuis 1555, gouverneur ou sénéchal du Limousin depuis 1571,
gouverneur du Lyonnais, Forez et Beaujolais depuis 1578. Pour
lui la terre de Ventadour avait été titrée de duché en cette
même année 1578, et érigée en duché-pairie en 1589. Enfin il
avait été compris dans la première promotion de l'ordre du
Saint-Esprit. Tant de faveurs s'expliquent par les services qu'il
rendit à Henri III au cours des guerres civiles et par ses hautes
relations.

Il eut deux fils ; mais Gilbert l'aîné étant mort avant lui,
Anne le second hérita de ses biens.

III. — Anne de Lévis, duc de Ventadour, pair de France,
comte de la Voulte, baron de Douzenac, Boussac, la Roche-en-
Régnier, Annonay, Cornillon et Vauvert, épousa à Alais, le
25 juin 1593, Marguerite de Damville-Montmorency. Il nomma
capitaine-châtelain de Cornillon Philibert de La Tour, petit-fils
de ce Guillaume de La Tour qui avait si vaillamment défendu
cette place pendant les guerres de religion.

Philibert de La Tour, qui avait embrassé comme ses ancêtres
le métier des armes, jouissait d'une grande réputation de
bravoure auprès des guerriers de son temps ; si bien qu'étant
tout jeune encore il reçut de Villeroy, gouverneur du Lyonnais,
Forez, Beaujolais, le brevet de capitaine auquel était jointe une
lettre lui recommandant de veiller à la garde de Cornillon et
de conserver cette place dans l'obéissance du roi. Dans la
suite, le capitaine-châtelain de Cornillon fit avec le roi Louis XIII
la campagne de Languedoc. Ayant été mortellement blessé au
siège de Montauban, il fut transporté à Arles, où il mourut le

8 mai 1623. Il fut enterré dans l'église des Pères Cordeliers de cette ville.

Anne de Lévis était mort le 3 décembre 1622, après avoir occupé les hautes charges de sénéchal puis de lieutenant général de Languedoc. Les innombrables terres qu'il possédait, ses hautes relations à la cour et les fonctions qu'il remplissait ne lui avaient guère laissé le loisir d'habiter le château de Cornillon ; on raconte même qu'à la mort de son père il en prit simplement possession par un procureur désigné à cet effet.

Il laissait quatre fils.

IV. — Henri de Lévis, duc de Ventadour et baron de Cornillon comme étant l'aîné, obtint de bonne heure, par son père, la survivance de la lieutenance générale du Languedoc. Il ne tarda pas à prendre en dégoût son rang et ses grandeurs. N'ayant point d'enfant de Marie-Louise de Luxembourg, princesse de Tingry, sa femme, ils résolurent de quitter le monde, et après avoir volontairement renoncé à leur mariage, avec l'approbation de l'Eglise, devant un grand concours de parents et de curieux attirés par une semblable cérémonie, la princesse s'en alla prendre l'habit des Carmélites à Chambéry, dont elle fonda le monastère, et le duc s'engageant dans les ordres, devint chanoine de Notre-Dame de Paris, directeur général des séminaires, et ne mourut que le 14 octobre 1680, à l'âge de quatre-vingt-quatre ans.

Par un acte du 23 mai 1631, devant Pierre Muret et Etienne Le Roy, notaires au Châtelet de Paris, Henri de Lévis s'était démis du duché de Ventadour en faveur de Charles de Lévis, marquis d'Annonay, son frère, disant que :

Ayant esté dez les premières années porté avec ardeur au service de Dieu et au mépris des affaires du monde pleines d'incertitudes, pour parvenir aux richesses célestes, dont la possession est certaine et éternelle, l'effet de ces desseins a esté pour quelque temps éloigné par le désir de rendre au roy et à l'estat les effets dignes de la tige illustre dont il est issu ; mais enfin, par une singulière grâce d'en haut, le cœur de Madame Louise de Luxembourg, sa chère épouse, ayant esté touché de mesme dessein, ils se sont d'un mutuel consentement, dévouez au service de Dieu, avec résolution ferme de dépouiller tout soin des choses terrestres et vaquer avec tranquillité non interrompue, au soin de l'acquisition des éternelles. Pour à quoi parvenir, se serait déjà cy-devant démis de ses charges de lieutenant du roy en Languedoc et sénéchal de Limosin en faveur de haut et puissant seigneur messire Charles de Lévis, marquis d'Annonay son frère ; et comme il ne désire pas que la splendeur et dignité de sa naissance, deüe au rang et travail de ses ancêtres, soit affaiblie par la profession à laquelle il se donne, au contraire, que par la rencontre d'un successeur, personnage de courage et de vertu, elle soit conservée et rehaussée, il a estimé ne se pouvoir démettre de cette haute et relevée dignité de duc de Ventadour et pair de France dont il jouit, en faveur de personne plus digne que ledit seigneur marquis son frère, lequel d'ailleurs y est appelé après lui par anciennes substitutions et dispositions, etc.

Cet acte fut passé en l'hôtel de Ventadour sis à Saint-Germain-des-Prez-lès-Paris, rue de Tournon, paroisse Saint-Sulpice, en présence et de l'avis de Madame la duchesse douairière de Ventadour, de M^{grs} les ducs d'Angoulême et de Montmorency, de MM. de Lamoignon, conseillers du roy en sa Cour de Parlement, et de Galland et Board, avocats en ladite Cour (1).

Par cette abdication de son frère aîné, Charles de Lévis, le second des fils d'Anne, déjà baron d'Annonay et de Roche-en-Régnier, comte de la Voulte, devint duc de Ventadour, baron de Cornillon, pair de France et chef de la race. Il avait épousé à Paris, le 26 mars 1634, Suzanne de Lauzières, marquise de Thémines, dont il n'avait point eu d'enfants. Il épousa, en secondes noces, le 8 février 1645, Marie de la Guiche de Saint-

---

(1) Acte cité dans *l'histoire des grands officiers de la couronne*, tome IV, pages 9 et 10.

Géran, fille du maréchal de France de ce nom et il en eut deux
filles et un fils Louis-Charles de Lévis, qui fut le dernier de sa
race (1).

V. — Charles de Lévis-Ventadour, baron d'Annonay et de
Cornillon, etc..... ne conserva pas longtemps la baronnie de
Cornillon que lui avait cédée son frère. Cinq ans après son
entrée en possession, il passait procuration au sieur Martial
Geofre, pour vendre sa terre et baronnie de Cornillon à la dame
du Fay et de Pollin comme nous le fait connaître l'acte
suivant : (2)

Au nom de Dieu. Amen.
A tous soit fait notoire, que Messire Charles de Lévis, duc de
Ventadour, gouverneur du Limousin, seigneur et baron de Cornillon
et autres lieux, est en volonté de vendre et aliéner sa dite terre et
baronnie de Cornillon avec tous ses droits..... de la façon qu'il en
jouit de présent...... est entré en traité avec dame Claude de Fay,
veuve de Messire Claude de Villars, de son vivant seigneur de
la Chapelle et convenu du prix de ladite vente à la somme de
66.000 livres, suivant traité passé à la Voulte devant maître Rossy,
par Martial de Geofre, autorisé par ledit duc. Lequel traité a été
passé en la forme qui suit :

Ce jourd'hui, septième d'Octobre, après midi, an de grâce 1636,
règne de très chrétien prince Louis par la grâce de Dieu roi de
France et de Navarre, en présence de maître Jean Rossy, notaire
royal de ladite ville de la Voulte et de nous Marcelin Porte aussi
notaire royal de la ville de Monistrol, de Geofre, procureur spécialement fondé dudit seigneur (3), duc de Ventadour......, lequel de la

---

(1) Louis-Charles de Lévis épousa Charlotte-Éléonore de La Mothe
Goudaucourt, dont il eut Anne-Geneviève de Lévis, leur unique héritière,
qui, par son mariage, porta tous les biens de sa famille à la maison des
princes de Soubise, ducs de Rohan-Rohan.

(2) *Acte de vente de la terre et Baronnie de Cornillon, passé le 16 octobre 1636
par Charles de Lévis, duc de Ventadour, à dame Claude de Fay, veuve de
Claude de Villars.*

(3) *Procuration donnée par le duc de Ventadour, au sieur Geofre son
procureur, en la ville de la Voulte, pour vendre au prix qu'il jugera bon sa terre
et baronnie de Cornillon et dépendances, le 15 août 1636.*

bonne volonté dudit seigneur a vendu, cédé, remis et transporté purement et simplement à ladite dame Claude de Fay, veuve dudit seigneur de Villars et à maître Claude Reilhe du lieu et paroisse d'Issarlès, à présent demeurant avec ladite dame et son procureur spécialement fondé (1) pour passer le présent contrat..... la terre et baronnie de Cornillon, situées dans le pays de Forez avec justice haute, moyenne et basse, maisons et château, fiefs et arrière-fiefs, cens, rentes directes, domaines, bois, péages, rivières, meubles, bestiaux, s'il y en a, appartenant audit seigneur vendeur et autres droits et devoirs seigneuriaux et domaines en dépendant............... moyennant le prix de 66.000 livres tournois, chaque livre comptée pour 20 sols, que ledit maître Reilhe a promis de payer audit sieur Geofre........., savoir 38.250 livres dans dix jours, en la ville de Valence, pour être employées au paiement de la même somme due par lesdits frères de Ventadour à feu noble Henri Brissac, vivant bailli de Valence et à ses héritières........., plus la somme de 17.750 livres audit seigneur duc ou à ses procureurs dûment fondés, dans la ville de Lyon, à la prochaine fête de la Toussaint et les 10.000 livres restant pour l'accomplissement dudit prix de 66.000 livres, seront payés dans un an prochain, qui sera le septième d'octobre 1637, en ladite ville de Lyon.

Ledit sieur Geofre a promis de faire ratifier le présent contrat audit seigneur de Ventadour et ledit Reilhe à ladite dame de Villars, comme aussi ledit sieur Geofre a promis de délivrer de bonne foi tous les papiers, titres et documents concernant ladite terre de Cornillon........ en faisant le paiement desdites 17.750 livres, lesquels papiers, titres et documents seront délivrés en la présente ville de la Voulte (2)...... Fait et passé au château de la Voulte, audit seigneur de Ventadour, le 7 octobre 1636, en présence des notaires sus-nommés, desdits sieurs procureurs et de plusieurs témoins.

---

(1) *Procuration donnée par la dame de Fay, veuve du sieur de Villars, à Messire Reilhe son procureur, pour passer l'acte d'achat de la terre et baronnie de Cornillon, le 6 octobre 1636.*

(2) A cette époque, la baronnie de Cornillon rapportait annuellement 1.400 livres L'acte de vente déclarait que la ferme de la baronnie irait pour la présente année 1636, « les trois quarts au fermier et un quart à ladite dame de Fay ». Pour le paiement des sommes qui devait être fait à Lyon, ledit sieur Geofre élisait domicile en ladite ville, rue du *Pont-de-Saône* et proche de la *place du Change*, et ledit Reilhe chez le sieur Tardy, marchand en ladite ville, demeurant en la *Poissonnerie*.

V

Après dame Claude de Fay, qui avait acheté la baronnie de Cornillon à Charles de Lévis-Ventadour, nous trouvons cette terre entre les mains de Jean de Fay qui s'intitulait seigneur de Pollin et de Cornillon.

En 1639 il soutint un procès contre les religieuses de Chazeaux. Celles-ci, qui en 1628 avaient quitté leur ancien monastère fondé par Luce de Beaudiner, pour aller s'établir à Lyon, voulaient néanmoins exercer le droit d'usage dans la forêt de Lambrossier, voisine de leur ancienne abbaye. Le seigneur de Cornillon refusait, alléguant que, par leur retraite, elles avaient suffisamment fait acte d'abandon ; et que n'habitant plus Chazeaux, il n'était point tenu de les chauffer ; ce qui fut confirmé par arrêt de la Cour de Parlement.

Peu de temps après une nouvelle difficulté s'éleva entre le même seigneur et les anciennes religieuses de Chazeaux. Ces dernières avaient autorisé autrefois François Dubouchet à construire un moulin sur la rivière de Gampille ; Jean de Fay permit à Pierre et Claude Chatardier d'en élever un dans le voisinage du premier. François Dubouchet protesta disant que c'était faire un réel dommage au sien.

Le seigneur de Cornillon répliqua que, comme haut justicier, il était le maître de faire toutes sortes de concessions dans l'étendue de sa terre. L'affaire fut portée devant le bailli de Forez qui donna raison au seigneur de Cornillon. Il en fut de même du parlement devant lequel l'affaire avait été évoquée par François Dubouchet.

En 1655, Jean de Fay fit une donation en faveur de l'église de Cornillon, au luminaire de laquelle il attribuait toute l'huile qui lui appartenait à cause de sa rente de Cornillon, pour être brûlée devant le Saint-Sacrement.

Vingt-deux ans après, la terre de Cornillon était de nouveau vendue à la requête des nombreux créanciers de Jean de Fay. Elle fut adjugée pour le prix de 90.000 livres et 80 pistoles d'étrennes, par acte reçu Tholent de Montbrison, le 1er juin 1677... à Charles de Nérestang, seigneur de Saint-Didier, d'Aurec et d'Oriol, et grand-maître de l'ordre de Saint-Lazare et de Notre-Dame du Mont-Carmel.

VI

Le marquis de Nérestang, qui avait acheté Cornillon, à cause des terres d'Aurec et Saint-Didier qu'il possédait auparavant, était criblé de dettes et sa nouvelle acquisition empira encore sa situation. Aussi poursuivi par ses créanciers, et notamment par la famille du Fay à laquelle il n'avait pas payé la somme promise pour son acquisition, fut-il condamné par sentence du parlement, le 22 octobre 1685, à restituer à Claudine et Françoise du Fay, héritières de Jean du Fay, la terre de Cornillon. Toutefois, celles-ci devaient supporter le tiers des frais de la poursuite et rembourser au sieur de Parchas, juge de Cornillon, une somme de 1.558 livres qui lui étaient dues à raison d'un échange fait avec le marquis de Nérestang. Le 16 janvier de l'année suivante Claudine et Françoise du Fay revendirent la terre de Cornillon à Jacques Jacquier et à Jean Bernou, au prix de 46.000 livres. Elle consistait en château, domaines, vignes, prés, bois, pacages, justice haute, moyenne et basse, droits honorifiques et utiles, rente noble, droits et devoirs seigneuriaux, appartenances et dépendances quelconques (1).

---

(1) *Acte de vente de la terre et Baronnie de Cornillon, consentie par dames Françoise et Claudine de Fay aux sieurs Jacques Jacquier et Jean Bernou, le 13 janvier 1686. — Reçu Perrichon, notaire.*

Le 26 février, le sieur Jean Bernou ayant renoncé à son
acquisition, le sieur Jacquier se trouva seul propriétaire de la
baronnie (1).

VII

I. — Jacques Jacquier (2). Avant de prendre possession de la
terre qu'il venait d'acheter des demoiselles Pollin, le nouvel
acquéreur de Cornillon voulut faire dresser un minutieux
procès-verbal (3) de l'état des biens, meubles et immeubles de
la baronnie. A cet effet, il convoqua Claudine et Françoise
Pollin, — lors résidant à Lyon, — dans l'étude de maître
Desvernay, notaire à Saint-Etienne, pour désigner les experts
qui devaient s'entendre avec ceux qui avaient été délégués par
le sieur Jacquier. Les demoiselles Pollin ayant fait défaut, la
sénéchaussée de Saint-Etienne rendit un jugement et désigna
d'office, comme experts desd. demoiselles, Jean Jacquemin
prud'homme de cette ville et Jean Laurençon, entrepreneur,
lesquels s'étant rendus aud. château, dressèrent le 18 mai 1686
le procès-verbal de tous les biens, meubles et immeubles
dépendant alors de la baronnie de Cornillon (4).

---

(1) *Renonciation du sieur Jean Bernou de la part indivise de la terre et
Baronnie de Cornillon qu'il avait achetée conjointement, à l'amiable, avec le
sieur Jacques Jacquier.*

(2) Jacques Jacquier était fils d'Etienne Jacquier, notaire à Saint-Etienne
et de Philiberte Fontanez.

(3) *Ordonnance de la sénéchaussée de Saint-Etienne rendue par maître
Pondevaux, président et lieutenant général en lad. sénéchaussée, le 13 avril 1687,
à l'effet de dresser procès-verbal des biens, meubles et immeubles étant en la
baronnie de Cornillon.*

(4) *Ordonnance du sieur Mazenod, du 27 mars 1686, rendue à la diligence de
Damoiselle Claudine du Fay, fille et héritière bénéficiaire de défunct Jean du
Fay, vivant seigneur de Cornillon, commettant pour la visite du château et
dépendances dudit Cornillon, les sieurs Jean Martignier et Jean Laurençon, etc..*

Nous en extrayons les curieuses indications suivantes (1) :

Nous Jean Jacquemin expert, demeurant au lieu de l'Heurton, en la ville de Saint-Etienne en Forez, et Jean Laurençon, maître maçon et charpentier de lad. ville ; nous sommes transportés aud. lieu de Cornillon pour dresser procès-verbal de l'état dud. château et des dépendances, bâtiments, martinets et domaines.

D'abord avons commencé notre visite par celle dud. château sur l'indication de Jean Martinier, prud'homme de la Béraudière, juridiction de Valbenoîte.

La première porte d'entrée, dite porte des chars, située au-dessous de la basse-cour dud. château « est surmontée d'un petit édicule percé de deux meurtrières et recouvert d'un toit pointu », mais elle est sans vantaux, toutes les boiseries en chêne mi-usées.....

PORTAIL OGIVAL DU CHATEAU DE CORNILLON
(XIIIᵉ siècle)

Depuis le susdit portail jusqu'à une tour carrée du côté de vent, il y avait autrefois un parapet de murailles, qui est rasé à fleur de pavé, lequel avait cinquante-neuf pieds de long, fait en demi-rond..... qu'il faudrait rétablir.

(1) *Rapport des experts désignés à l'effet de dresser procès-verbal de l'état des biens, meubles et immeubles de la terre et baronnie de Cornillon.*
Ce procès-verbal, bien que désigné sous le nom « de sommaire », n'a pas moins de quatre-vingt-dix pages in-folio. Il ressort de cet exposé minutieux que le château était alors dans un état lamentable ; car les parties décrites des bâtiments y sont toujours suivies de la mention « à demi-ruinées », et les meubles mentionnés, de l'indication « de peu de valeur ».

Le portail d'entrée en pierre de taille et forme ogivale, a des portes en peuplier pourries ; il ferme avec deux serrures et un verrou..... Il faudrait refaire le ventoir et les ferrements.

La muraille du côté de soir, attenante aud. portail, est percée de plusieurs larmiers dont les encadrements de pierre sont en bon état ;..... mais elle est toute fissurée et entr'ouverte en plusieurs endroits.....

Pour, de la grande basse-cour, entrer dans la petite basse-cour intérieure dud. château, il y a un grand portail de pierres de taille mi-usé..... fermant avec une serrure. Il est surmonté d'une voûte au-dessus de laquelle est une petite chambre carrée... les ventoirs dud. portail sont en mauvais état et la voûte est toute fissurée.... Cette petite basse-cour intérieure est fermée du côté du matin par une muraille crénelée dont il faudrait refaire les créneaux.

Au-dessus de lad. petite basse-cour intérieure et en la muraille du côté de vent, il y a un autre portail de pierre de taille assez bon, fait en tiers-point..... son ventoir de chêne est de peu de valeur. Laquelle porte sert pour entrer en un espace carré..... Dans la même basse-cour du côté de bise il y a un autre portail de pierres de taille et pour y monter dud. carré il y a six marches de pierres raboteuses..... Cette porte du côté de bise sert pour entrer en un vestibule servant pour aller dans une petite basse-cour supérieure..... Pour entrer dud. vestibule en la petite basse-cour supérieure, il y a une arcade de pierre de taille sans ventoir.

Dans la petite cour supérieure, dont le sol est moitié pavé, moitié en terre, se trouve dans un coin du côté de soir, un puits ou citerne, dont la voûte occupe une partie de lad. cour. En icelle il y a un grand portail carré qui donne accès à un escalier en corne de mouton et composé de soixante marches de pierres de taille.

(Suivent les descriptions de plusieurs cuisines et notamment de la grande cuisine à boulangerie, dans laquelle se trouvait « un grand four à cuire le pain, contenant six bichets..... plus, un autre petit four à cuire les pâtés ».)

Le rapport décrit ensuite trois salles basses placées au-dessus des caves, « lesquelles ont leurs planchers et leurs boiseries à demi ruynés, les vitres des fenêtres rompues et les cheminées en assez bon état..... » Les experts passent au donjon :

Par les greniers situés au-dessus desd. salles, on passe par des rochers et par quatorze marches de pierres raboteuses on arrive à une porte de pierres de taille qui donne accès à une salle, la plus supérieure dud. château, appelée *Beauregard*, laquelle salle a de longueur du matin à soir quarante-six pieds et de largeur dix-sept pieds et demi, le tout dans œuvre ; la muraille du côté de vent est percée d'une fenêtre de pierres de taille. Depuis le sol de lad. pièce, qui n'est que de terre et rochers, jusqu'au sol du couvert il y a dix pieds de hauteur, celui-ci est en pointe à la française, couvert de tuiles plates, élevé de vingt pieds par dessus lesdites murailles.....

Le rapport énumère ensuite les différentes salles du château entre autres celle de la *tour carrée*, dont la toiture en pointe à la française élevée de dix-sept pieds au-dessus des murailles, est en fort mauvais état..... Pour le reste, ils déclarent à chaque instant que tout ce qu'ils décrivent est « de peu de valeur ».....

Ils continuent ensuite en ces termes :

Comme les murailles dud. château du côté de matin et vent, surpassent les couverts de sept pieds, dont celle de côté avait des créneaux partie desquels sont démolis, il est nécessaire de les refaire et chaperonner celle du côté de vent et griffer les deux murailles.

Avons remarqué, en faisant le tour dud. château, que les murailles du dehors d'icelui sont fissurées en plusieurs endroits et concaves à cause des ravines, des eaux des égouts, des couverts que les vents ont jetés contre les murailles qui ont fait des concavités d'un pied dans les susd. murs et comme elles sont très nécessaires il faudra les réparer.

Avons vu aussi et reconnu que proche dud. château, du côté de vent, il y a en la grande basse-cour une plate forme soutenue de murailles qui surpassent lad. plate forme d'un pied seulement, lesquelles il faudrait exhausser pour servir de parapet..... Au-dessous de lad. plate forme, il y a un autre bordage servant de ravelin où autrefois il y avait des créneaux qui sont démolis, il faudrait hausser lad. muraille...... Proche de lad. muraille il y a un colombier dépendant dud. château, en forme de tour..... menaçant ruine prompte.

(A la suite les experts décrivent les domaines, fonderie, moulins, bois et prés dépendant de la seigneurie de Cornillon.)

En 1689, Jacques Jacquier obtint le brevet de secrétaire du roi. Il mourut en 1693. De son mariage avec Catherine de la Farge, fille de Jean et Marguerite Dumarest, il eut de nombreux enfants. Nous ne citons parmi eux que son fils Jean-Jacques Jacquier qui lui succéda et deux filles, Antoinette Jacquier, mariée à François de Giri de Vaux, secrétaire du roi, et Françoise Jacquier, qui épousa Jean-Claude Grimod Bénéon de Riverie, secrétaire du roi (1). Cette dernière devint, par la suite, baronne de Cornillon, en vertu du testament de son frère.

II. — Jean-Jacques Jacquier, baron de Cornillon, épousa N... Bernou dont il n'eut pas d'enfant. Il faisait son testament à Cornillon, le 14 juin 1724. Par cet acte, il instituait pour son héritière universelle sa sœur Françoise Jacquier, veuve de Jean-Claude Grimod Bénéon, seigneur de Riverie, et il faisait de nombreux legs aux pauvres de ses baronnies de Cornillon et de Saint-Just-en-Velay. Nous citons cette pièce *in extenso,* à cause des nombreuses paroisses qu'elle intéresse et des curieux traits de mœurs qu'elle renferme (2).

Au nom de Dieu soit-il. Par devant le Notaire Royal soussigné et en la présence des témoins ci-après nommés, fut présent Jean-Jacques Jacquier, écuyer, seigneur baron de Cornillon et de Saint-Just-les-Velay, demeurant en la ville de Lyon, étant de présent en son château aud. lieu de Cornillon, lequel détenu de maladie et néanmoins sain de ses sens, parole, mémoire et entendement ; craignant d'être prévenu de mort sans avoir disposé des biens qu'il a plu à Dieu lui donner, ainsi qu'il est apparu auxd. notaire et témoins, a fait et dicté son testament.

Comme bon chrétien, catholique, apostolique et romain, a fait sur sa personne le signe de la sainte croix et autres prières,

---

(1) Il eut deux autres filles :

Marie Jacquier, qui épousa François Jon, sieur de Jonage et secrétaire du roi ;

Jeanne Jacquier, mariée à Louis Punctis, secrétaire du roi.

(2) *Testament de sieur Jean-Jacques Jacquier, baron de Cornillon.*

recommandé son âme à Dieu, supplié la glorieuse Vierge Marie, saints et saintes du Paradis d'être ses intercesseurs, afin que son âme étant séparée de son corps, il plaise à la Majesté Divine la vouloir faire participante à la gloire éternelle. Elisant sa sépulture à Cornillon, au cas qu'il meure aud. Cornillon, et s'il décède en lad. ville de Lyon, dans l'église paroissiale de Saint-Pierre-les-Nonains, au tombeau de ses prédécesseurs, et pour ses obsèques et frais de funérailles et œuvres pies, il veut qu'il soit dit et célébré incontinent après son décès, dans l'église dudit Cornillon et dans sa chapelle, un annuel de messes à basse voix et l'office des morts avec un *de profundis* et le *libera me* à la fin de chacune, et pour icelui, son héritière après nommée, payera au prêtre qu'elle aura choisi pour célébrer lesd. messes la somme de trois cents livres après qu'elles auront été dites et célébrées, cent messes de même office dans lad. église paroissiale dud. Cornillon, par le sieur curé ou vicaire dud. Cornillon, à raison de 10 sols l'une, cinquante messes de même office dans l'église dud. Saint-Paul, annexe de celle de Cornillon, par le sieur curé ou vicaire de Cornillon, cent messes dans l'église paroissiale de *Firminy* par le sieur curé de lad. paroisse, cent messes dans l'église de *Saint-Ferréol* par le sieur curé. La rétribution de toutes les susdites messes sera de 10 sols chacune, et dans l'église paroissiale de *Chamble*, cent messes à basse voix par le sieur curé, qui seront payées à raison de 20 sols chacune ; cent messes dans l'église des religieuses du *couvent de Sainte-Marie, place Louis-le-Grand, à Lyon ;* cent messes dans celle du *couvent de Sainte-Marie de la ville de Montbrison,* deux cents messes dans l'église du *couvent de Sainte-Claire dudit Montbrison,* cent messes à basse voix dans l'église paroissiale dud. *Saint-Pierre-les-Nonains* aud. Lyon, et ce oultre celles qui seront dites et célébrées le jour de son enterrement, trentain, quarantain et bout de l'an dans l'église paroissiale où il décédera. Veut aussi, qu'il soit payé la somme de cinquante livres à celui qui aura achevé de bâtir la chapelle que l'on a commencée en l'église dud. *Saint-Paul,* sous le vocable de sainte Marie-Magdeleine, dans laquelle on y mettra les armes dud. sieur testateur.

Donne aux fabriciens et marguilliers de l'église paroissiale aud. Cornillon, la somme de cinq cents livres pour être employée à faire un rétable au grand autel de ladite église paroissiale aud. Cornillon, dont le dessin et le prix fait seront faits par le sieur curé dud. Cornillon, les sieurs curés de Firminy et Chamble et les marguilliers dud. Cornillon, payable à celui qui aura le prix fait, à mesure de l'ouvrage qu'il fera.

Donne aux pauvres les plus nécessiteux des mandements et juridictions dud. Cornillon et de Saint-Just-les-Velay, cent bichets de blé seigle, mesure de Saint-Etienne, à ceux de Saint-Just et à ceux du mandement dud. Cornillon le surplus de tout le blé, seigle, froment ou orge qui sera dans les greniers de son château aud. Cornillon le jour de son décès, qui leur sera distribué le lendemain ou dans l'année suivante, selon l'état et rôle qui en sera fait par les sieurs curés de Firminy, Saint-Just-en-Velay, Cornillon, Saint-Ferréol et Chamble. Donne et lègue aux pauvres du mandement de Cornillon la somme de quatre cents livres, y compris celle de cent cinquante livres qui avait été donnée par feu M. Jacquier, père dud. testateur, payable lad. somme de quatre cents livres annuellement et perpétuellement, laquelle sera employée en achat de blé seigle au mois de septembre, et chaque année ensuite délivrée dans le mois de janvier ou février, à chaque particulier les plus pauvres dud. mandement, suivant l'état et rôle qui en sera fait par les sieurs curés de Firminy, Cornillon, Saint-Ferréol et Chamble, et au cas où ils ne seraient pas d'un commun accord pour faire led. état et rôle desd. particuliers les plus pauvres, ledit sieur testateur prie Messieurs les prêtres et supérieurs de Saint-Irénée de la ville de Lyon et prieurs du prieuré dud. Firminy, de régler led. état et rôle ; icelle somme de quatre cents livres affectée et hypothéquée sur les terres de la baronnie et seigneurie dud. Cornillon et de Saint-Just-les-Velay à perpétuité et non rachetable.

Donne et lègue aux pauvres de l'aumône générale de la maison de la Charité de la ville de Lyon, la somme de cent livres payable incontinent après son décès, et aux pauvres de l'hôpital général de la ville de Lyon, sous le vocable de Notre-Dame-de-Pitié, près du Rhône, la somme de cent livres, lesd. deux legs à payer pour une seule fois aussitôt après son décès et pour eux aux recteurs et administrateurs desd. maisons par lad. héritière après nommée.

Plus donne et lègue aux pauvres de la paroisse de *la Fouillouse* cent bichets blé seigle, mesure de Saint-Etienne, à délivrer après son décès au sieur curé dud. lieu pour en faire la distribution au mois de janvier ou février après son décès.

Plus donne et lègue aux pauvres de la ville de Lyon, tout le blé qui est dans ses greniers au lieu d'*Eculieu*, sans que les maisons de charité, aumône générale ou autres puissent prendre connaissance de lad. distribution, nonobstant toutes lettres patentes ou autrement, comme étant sa volonté.

Veut et ordonne led. sieur testateur qu'il soit dit et célébré huit messes à haute voix annuellement et perpétuellement qu'il fonde dans l'Abbaye Royale *de Valbenoîte*, paroisse de Saint-Etienne, qui seront dites, célébrées pendant huit mois, le premier jour de chaque mois, avec un *de profundis* et *libera me* à la fin de chacune messe sur le tombeau de ses prédécesseurs, qui seront payées à raison de 3o sols chacune, affectés et hypothéqués sur sa maison située en la ville dud. Saint-Etienne, rue Roannel.

Veut et ordonne qu'il soit dit et célébré dans la Grande Eglise paroissiale dud. Saint-Etienne, à la chapelle sous le vocable de Sainte Anne, annuellement et perpétuellement, vingt-quatre messes à voix basse, qui est deux messes chaque mois, qui seront dites et célébrées par les sieurs curé et prêtres de lad. église, le quinze et dernier jour de chaque mois, sur les 7 heures du matin, payables à raison de 10 sols chacune, affectés et hypothéqués sur lad. maison rue Roannel.

Ledit testateur fonde dans l'église paroissiale de Saint-Pierre-les-Nonains, de lad. ville de Lyon, une messe à voix basse, tous les jours de l'année, laquelle se commencera quand l'heure de midi sonnera, suivant et conformément à celle qui se dit en l'église de Notre-Dame de la Platière à lad. heure, pour la rétribution desquelles messes il sera payé annuellement et perpétuellement la somme de deux cent cinquante livres affectée et hypothéquée sur led. terres, seigneurie et baronnie desd. Cornillon et Saint-Just. Fonde aussi la pension annuelle et perpétuelle de trente livres dans lad. église de Cornillon, pour être employée en huile pour la lampe au devant du Très-Saint-Sacrement de l'autel, payable annuellement et perpétuellement, affectée et hypothéquée sur lesd. seigneuries de Cornillon et de Saint-Just. Fonde de même dans ladite église deux messes à basse voix par semaine, qui seront dites et célébrées par le sieur curé ou vicaire dans la chapelle dud. Seigneur de Cornillon, les jours de Mercredi et Samedi sur les 9 à 10 heures du matin, annuellement et perpétuellement, payables à raison de dix sols chacune ; sont tenus lesd. Curés, vicaires ou prêtres qui diront lesd. messes, avant que de les commencer, d'avertir le seigneur et dame dud. lieu ou ceux qui seront dans le château dud. Cornillon, affectées et hypothéquées sur lesd. seigneuries de Cornillon et de Saint-Just.

Veut et ordonne qu'il soit payé aux sieurs recteurs de la maison de Charité dud. Saint-Etienne la somme de mille livres, contenues en un billet que led. sieur testateur a fait du temps que Monsieur Colombet était curé dud. Saint-Etienne, lesd. mille livres payables lorsque lesd. sieurs recteurs auront employé six mille livres pour la construction d'une église de lad. maison de charité.

Donne et lègue à tous les emphytéotes, pauvres, mendiants qui doivent des arrérages de cens, servis et droits, qui n'ont pas de biens immeubles, jusqu'à la valeur de cinq livres et qui ne sont pas réglés par obligation ou sentence, à chacun d'eux la moitié de tous les arrérages, des servis, etc.

Au résidu de tous et de chacun de ses autres biens, or, argent, bijoux, vaisselle d'argent..., led. Jean-Jacques Jacquier, écuyer, seigneur baron dud. Cornillon et de Saint-Just-les-Velay, testateur, a institué pour son héritière universelle lad. dame Françoise Jacquier, sa dite sœur, veuve de Jean-Claude Grimod Bénéon, seigneur de Riverie, secrétaire du roi, maison et couronne de France, à laquelle led. sieur testateur lègue la charge de payer et acquitter ses dettes et legats susdits, frais funéraux et œuvres pies.....

Fait et passé, lu et relu aud. testateur, dans son château, dans la chambre où il est alité, le quatorzième juin après midi 1724. En présence des sieurs Philippe Dupont, bourgeois, Antoine Allary, marchand, Pierre Hébrard, maréchal-ferrant, sieur Joseph Brion, Pierre Allary, Pierre Laroère aussi, marchands cloutiers du lieu de Firminy et de André Foraison, aussi marchand cloutier du lieu de la Chaux, paroisse dud. Firminy habitant aud. lieu, témoins requis et appelés par exprès de la part dud. sieur testateur et qu'il a dit bien connaître, qui ont signé avec led. testateur, lequel a signé à la fin de chaque page (suivent les signatures du testateur, des témoins et Delaroa, notaire).

Nous ignorons la date exacte de sa mort, nous savons seulement que l'expédition de son testament était faite le 15 octobre 1745, à son héritière pour la mise en possession des terres et biens qui s'y trouvaient mentionnés.

Monsieur de La Tour Varan dit que le corps de ce seigneur gît dans le caveau de l'église de Cornillon. En réalité, il existe bien, sous la sacristie actuelle de l'église, un caveau renfermant des ossements et notamment un squelette complet, mais on ne possède actuellement aucune preuve qui permette de l'attribuer aux anciens seigneurs du lieu (1).

---

(1) Nous acceptons volontiers l'assertion de Monsieur de La Tour Varan, mais nous regrettons qu'il n'ait ni indiqué ses références, ni cité ses sources. Peut-être a-t-il emprunté ce renseignement à une brochure publiée en 1832,

VII

I. — Françoise Jacquier, veuve de Jean-Claude Grimod Bénéon, seigneur de Riverie, avait hérité de la terre de Cornillon en vertu du testament de son frère. Elle vint s'établir à Cornillon et y passa dans la solitude le reste de ses jours. Ses aumônes, ses éminentes qualités, ses bonnes œuvres, dit Monsieur de La Tour Varan, sont passées en tradition. Son portrait se voit encore dans une des salles du château de Cornillon. Du seigneur de Riverie elle avait eu quatre enfants. Citons parmi eux l'aîné Jean-Etienne, qui devint seigneur de Cornillon et Marguerite mariée à Jean Dilbert, receveur des tailles à Saint-Etienne, puis prévôt des galères de Marseille.

II. — Jean-Etienne Grimod Bénéon de Chatellus, baron de Cornillon, maréchal des camps et armées du roi, épousa Jeanne-Claudine de Beaulieu de Gourville dont il eut :

III. — François-Jean-Jacques Grimod de Bénéon, chevalier, baron de Riverie (1) et de Cornillon, seigneur de Saint-Just, Saint-Didier et autres places, chevalier de Saint-Louis, capitaine au régiment d'Aquitaine, né le 18 novembre 1733. Il épousa en 1761 N... Dugas.

---

par M. Bayon et intitulée : *Réponse aux habitans du village de Saint-Paul-en-Cornillon*, dans laquelle on lit : « Jean-Jacques Jacquier mourut le 26 juin 1724, dans le château de Cornillon, et son corps fut déposé dans le caveau destiné à la sépulture des seigneurs, au-dessous de la chapelle située au midi de l'église de Cornillon, laquelle chapelle lui appartenait..... »

(1) Il ne faut pas confondre la famille Bénéon de Riverie avec l'ancienne famille de Riverie, originaire de Saint-Symphorien-le-Château. Cette dernière, qui avait fourni plusieurs capitaines-châtelains à Saint-Symphorien, possédait au XVIIe siècle le château de Clérimbert, dont elle prend quelquefois le nom. Elle se fondit ensuite dans la famille lyonnaise de Bénéon, enrichie dans le commerce et à qui l'échevinage avait procuré la noblesse.

En 1765 le seigneur de Cornillon renouvela les ordonnances
de police dressées autrefois par ses prédécesseurs pour le
mandement de Cornillon. Ce curieux document nous fait connaître les mœurs du temps, la façon dont la justice était
administrée à la veille de la Révolution et les règlements de
police en vigueur à cette époque. Sa longueur ne nous permet
pas de le citer en entier, mais les extraits que nous en donnons
suffiront pour s'en faire une idée :

François-Jean-Jacques Grimod Bénéon de Riverie.... etc.

Nous, Michel Rousset, notaire Royal, capitaine-châtelain, lieute-
nant-de juge de la baronnie de Cornillon ;

Savoir faisons que, sur ce qui nous a été remontré par M. Michel
Delaroa, procureur fiscal de ladite baronnie, quelques soins et
attentions qu'il ait eus pour faire exécuter les ordonnances de
police qui est une des principales parties de la justice, puisqu'elle
établit le bon ordre et assure la tranquillité publique ; cependant il
s'est aperçu de plusieurs contraventions et abus auxquels il est
nécessaire de remédier ; c'est ce qui l'engage à requérir que lesdites
ordonnances soient renouvelées, afin d'ôter à toutes personnes le
prétexte de n'avoir pas été informées de ce qui est prohibé par
icelles, ni des peines portées contre les contrevenants ; ayant
égard aux réquisitions dudit procureur fiscal, et y faisant droit
pour arrêter le cours des abus qui se sont insensiblement glissés
par succession de temps, prévenir ceux qui pourraient s'introduire
à l'avenir et assurer aux justiciables de ladite baronnie le repos et
la tranquillité, en faisant observer une exacte police, punir les
contrevenants par des peines proportionnées à la malice des uns
et à la négligence des autres, nous avons ordonné et ordonnons ce
qui suit (1) :

Article premier. — Pour les blasphémateurs, ceux qui tiendront
des propos obscènes contre la Sainte Vierge, qui chanteront des
chansons déshonnêtes, etc., 20 francs d'amende.

Art. 2. — Ceux qui travailleront les fêtes et dimanches, 10 francs
d'amende.

(1) Extraits des registres des défauts et audiences de la juridiction et
baronnie de Cornillon 1718-1750. Ces registres forment 26 cahiers grand in-8°.

6

Art. 3. — Défenses à tous cabaretiers de donner à boire ni à manger pendant les offices divins et aux autres marchands d'étaler lesdits jours, à peine de 20 francs d'amende pour la première fois, du double et de prison pour la seconde fois.

Art. 4. — Ordonne aux boulangers de marquer leurs pains à leur marque et d'avoir, ainsi que tous les autres marchands, des poids *échantillés* aux armes dud. Cornillon, à peine de 20 francs d'amende pour la première fois, du double pour la deuxième et de punition corporelle. De plus, il enjoint aux boulangers de vendre le pain de chaque qualité à deux deniers au-dessous du prix de la ville de Lyon, conformément aux précédentes ordonnances dud. seigneur.

Art. 5. — Défense aux bouchers de jeter des ordures sur la voie publique, à peine de 5 francs pour la première fois, du double pour la deuxième.

Art. 6. — Comme le 3ᵉ.

L'art. 7 fait défense de faire des tas de fumier sur la voie publique, à peine de 10 francs d'amende.

L'art. 8 concerne l'entretien des chemins qui reste à la charge de chaque propriétaire bordier.

L'art. 9 défend aux propriétaires bordiers d'anticiper sur les chemins, d'y bâtir ou planter des haies, à peine de 25 francs d'amende, tant contre eux que contre les maçons ou entrepreneurs qui seront solidaires.

L'art. 10 défend de prendre les eaux des rivières, ruisseaux, rues et chemins, soit pluviables ou autres, etc., sans en avoir obtenu abénévis dud. seigneur. Injonction à ceux qui ont des abénévis de les rapporter au greffe dans la quinzaine pour y être enregistrés de nouveau, à peine de déchéance et de 20 francs d'amende pour les contrevenants.

Art. 11. — Défense aux personnes ne possédant fonds d'envoyer paître des bestiaux dans les fonds d'autrui, à peine de 10 francs d'amende.

Art. 12. — Défense de laisser sortir les chèvres, et permission à chacun de les tuer quand elles seront dans les fonds d'autrui ou aux haies des chemins publics.

L'art. 13 punit de 20 francs d'amende toutes personnes qui prendront du fruit ou couperont du bois ou haies dans les fonds d'autrui, et punition corporelle contre ceux qui couperont des arbres.

L'art. 14 défend à toutes personnes de faire de leurs maisons des prisons privées pour les gens et bestiaux pris en dommages, à peine de 10 francs d'amende.

L'art. 15 concerne les vagabonds et femmes de mauvaise vie, et défend aux cabaretiers et autres de les loger, à peine de 10 francs d'amende.

L'art. 16 fait mêmes défenses aux habitants, fermiers et grangers, et à toutes personnes de louer ou sur-louer à un étranger, à moins qu'il ne soit porteur d'un certificat de bonnes vie et mœurs, délivré par les curés ou officiers de la baronnie de Cornillon, à peine d'amende de 50 francs.

L'art. 17 fait défense aux matrones de loger des filles ou femmes inconnues, sans le déclarer, et à tous d'exposer des enfants, à peine de punition exemplaire.

L'art. 18 prohibe les assemblées illicites, charivaris, fêtes baladoires, dans les places publiques, maisons particulières ou cabarets; défend aux joueurs de hautbois, violon ou autres instruments, d'en jouer lesd. jours, et interdit les jeux illicites, délit qui entraîne une amende de 10 francs.

L'art. 19 défend expressément aux garçons et autres de s'assembler aux portes des églises ou ailleurs lorsqu'a lieu un mariage, pour exiger certaines choses des nouveaux mariés, à peine de 10 francs d'amende.

L'art. 20 soumet à une amende de 10 francs, même à la prison, tous *bateleurs* ou *opérateurs* qui battront la caisse, sonneront de la trompette, donneront du cor pour vendre des remèdes sans avoir certifié de l'efficacité desdits remèdes.

L'art. 21 impose une amende de 50 francs à toutes personnes qui tireront sur les pigeons ou les prendront avec des appâts.

L'art. 22 fait *très expresses inhibitions* et défenses à toutes personnes de pêcher dans les rivières de la baronnie, de chasser, d'avoir des fusils ou armes brisées, à peine de 100 francs d'amende.

L'art. 23 défend de prendre des levrauts, œufs de perdrix ou de caille, à peine de 50 francs d'amende.

L'art. 24 ordonne de tenir les chiens de garde à l'attache dès que le raisin commencera à mûrir jusqu'à la dépouille des feuilles, et d'attacher au cou des chiens-bergers un bâton d'un pied et demi de longueur, à peine de 10 francs d'amende, avec permission de tuer lesdits chiens si on les trouve dans une vigne sans cette précaution.

L'art. 25 concerne la justice et par qui elle doit être exercée.

L'art. 26 défend de se pourvoir en première instance, tant au civil qu'au criminel, contre les justiciables de la baronnie en d'autres juridictions, à peine de 20 francs d'amende et de nullité.

L'art. 27 ordonne de prêter main-forte aux officiers de justice et défend de favoriser les malfaiteurs, à peine de 25 francs d'amende.

L'art. 28 punit de 10 francs d'amende celui qui enlèvera l'affiche de la présente ordonnance et celles qui par la suite seront affichées.

L'art. 29 ordonne aux justiciables de se présenter devant le juge lorsqu'ils seront requis, pour être présents à chaque procès-verbal d'assises sur les limites de la baronnie, à peine de désobéissance. Rappelle ce qui a déjà été dit sur la chasse et le vol du bois.

Le règlement se termine par cette menace :

Qu'il ne faut attendre pour ces délits aucune grâce du seigneur haut justicier pour les peines ou amendes ci-devant *préfixées*, etc.

Fait dans l'auditoire de ladite baronnie, le 25..... 1765.

Dix ans plus tard, François-Jean-Jacques Grimod Bénéon, dont les libéralités et les dépenses exagérées avaient ébréché la fortune, se trouva dans la même situation qui avait obligé autrefois les de Nérestang à aliéner puis à vendre leur seigneurie. C'est à cause de la gêne dans laquelle il se trouvait, que le 15 février 1775, il vendit à Jean-Baptiste Michel de Charpin une partie des terres dépendant de la baronnie de Cornillon. Par cet acte le baron de Cornillon cédait au seigneur de Feugerolles les droits de justice haute, moyenne et basse sur les terres situées à l'orient de la baronnie de Cornillon, savoir : « Au midi du chemin tendant du château des Bruneaux à Cornillon ; à l'orient d'un vallon séparant les fonds dépendant des hameaux appelés le Bas et le Haut-Montessut, des possessions dépendant des hameaux appelés des Fraisses ; de sorte que les hameaux du Bas et du Haut-Montessut sont compris en la présente vente, et que les Fraisses demeurent réservées au seigneur vendeur jusqu'au vallon ; laquelle partie vendue a encore pour confins les fonds et possessions du fief de Villeneuve, de midi, après l'orient, ensuite de midi et finalement d'occident ; lequel fief demeure entièrement réservé audit seigneur vendeur. Et de l'extrémité des fonds dudit fief, du côté de Saint-Ferréol, tirant à droite ligne de l'orient à l'occident, jusqu'à l'ancien chemin royal tendant de Firminy à Monistrol, lequel servira ensuite de confin occidental à la justice comprise en cette vente. Et pour déterminer encore la séparation de la justice ci-dessus vendue d'avec celle réservée, il sera incessamment planté des bornes ou limites en nombre suffisant sur les lignes ci-devant rappelées, dont procès-verbal sera dressé, etc. »

En troisième lieu, le baron de Cornillon vend au baron de Feugerolles tous les droits seigneuriaux « qui dépendent tant de la directe rente noble de Cornillon que de celle de Chazeau, dont les cens et servis appartiennent, pour la rente de Chazeau, aux dames religieuses de Chazeau, lesquels directs, cens, servis et droits seigneuriaux ont et pourront avoir leur application sur les fonds enclavés dans la partie de justice ci-dessus vendue, tant à la forme des anciens que des nouveaux terriers, etc. ».

En quatrième lieu, le baron de Cornillon vend audit seigneur baron de Feugerolles les droits d'échange dans l'étendue des directes sus aliénées ; plus tous arrérages de cens, servis et autres droits seigneuriaux.

Les conditions principales de ces diverses ventes étaient : 1° le prix de 60.000 livres ; 2° la charge d'une pension annuelle, perpétuelle et obituaire de 250 livres, due à l'abbaye de Saint-Pierre de Lyon ; 3° toutes les seigneuries appartenant au baron de Feugerolles seront à l'avenir affranchies de tous droits honorifiques envers celle de Cornillon, si aucun était dû, avec réciprocité envers la seigneurie de Cornillon. (Archives de Feugerolles.)

Quelques années plus tard le baron de Cornillon vendait sa terre à un négociant du Chambon nommé Clément Palle (1).

_____

(1) *Acte de vente de la terre et baronnie de Cornillon passé par Grimod de Bénéon de Riverie à Clément Palle.*

Dans l'acte de vente qui porte la date du 5 avril 1793 et fut passé dans l'hôtel du vendeur, rue Sainte-Hélène, paroisse d'Ainay à Lyon, le sieur Grimod de Bénéon cédait au sieur Clément Palle, négociant, demeurant au lieu de la Fonderie Neuve, paroisse du Chambon en Forez, sa terre de Cornillon « consistant en prés, terres, bois, vignes, directes ou rentes cy-devant seigneuriaux à la forme des titres et terriers de lad. seigneurie..... compris en la vente les meubles et effets qui garnissent le château de Cornillon..... réservés au vendeur les tableaux de famille étant dans led. château ». La vente était consentie moyennant le prix de 115.000 livres, le vendeur reconnaît avoir reçu sur cette somme un acompte de 112.000 livres lorsque le sieur Bernet, mandataire du sieur Grimod de Bénéon, avait fait en son nom un sous-seing consentant à lad. vente ; lequel avait été passé en 1788.

Cet acte fut fait et passé en l'hôtel du sieur vendeur à Lyon le cinquième d'avril 1793, en présence de Barthelmy Terrasson de Barolière, citoyen de Lyon y demeurant, rue Sala, paroisse d'Ainay, et de Claude-François Boulioud de Chanceu, aussi citoyen de Lyon, y demeurant, témoins requis, et des notaires soussignés Couchoud et Couhert.

M. Clément Palle ne conserva pas longtemps la terre qu'il avait achetée ; car dès 1791 il la revendait à M. Bayon (1) dont les héritiers l'ont possédée jusqu'en 1885.

Cependant l'ancien fief de Cornillon arrivait bien amoindri entre les mains de M. Bayon ; les droits seigneuriaux et autres redevances féodales ayant été supprimés par la Révolution, la terre de Cornillon ne se composait plus que du château et de ses dépendances immédiates, dont la presque totalité était formée par le ravin de Verdine.

---

(1) On assure que dans le contrat de vente passé entre M. Bayon et M. Pale, ce dernier stipula cette singulière réserve : « Que dans le cas où reviendrait la noblesse avec ses privilèges, il se réservait le titre de baron et les droits du seigneur, à l'exclusion de tous autres. »

En 1842, M. Armand Bayon, vice-président du Tribunal civil de Saint-Etienne, forma le dessein de restaurer le château. Il en fit resuivre soigneusement les murailles extérieures et parvint à mettre en état les bâtiments du nord et du levant; mais il dut s'arrêter dans son œuvre en raison des dépenses considérables qu'elle exigeait.

En 1885, il revendit le château de Cornillon à M. Durand, propriétaire actuel. Celui-ci continua la restauration entreprise par son prédécesseur. Il a notamment fait refaire les toitures du long bâtiment situé au-dessous des ruines du donjon et qui domine le cours de la Loire. Il a, de plus, utilisé les débris des anciennes boiseries pour en orner des salles moins grandes; enfin il a su, par un choix heureux, réunir dans l'ancienne demeure des de Laire, des meubles ayant autrefois fait partie du mobilier du château et d'autres qui s'y trouvent en bonne place, en raison de l'époque à laquelle ils appartiennent.

IX

Si jamais vous visitez le site enchanteur du Pertuiset, où la Loire roule ses flots limpides au fond d'une gracieuse vallée, dont les pentes sont au printemps tapissées de genêts fleuris, qui que vous soyez, artiste, archéologue, touriste ou même simple promeneur, ami du passé, n'hésitez pas à gravir le rocher de Cornillon; vous serez amplement dédommagé de vos peines; car, là-haut, dans les sombres murailles de la forteresse féodale, vous retrouverez l'urbanité des âges passés. En effet, à Cornillon, le visiteur est toujours bien accueilli et le plus souvent il sera intéressé et charmé par les explications que lui donnera, avec la simplicité d'un maître et une bienveillance que rien ne peut lasser, le possesseur actuel du vieux manoir.

Après avoir suivi quelques instants le mur moderne qui

enserre le parc du château, le visiteur trouvera devant lui la porte des chars (1), qui permettait de franchir la première enceinte. Celle-ci descendait par une pente rapide dans le ravin de Cornillon et renfermait dans son enceinte les misérables demeures des manants qui s'abritaient sous le château. Cette muraille, construite sous Aymard de Baudiner, vers 1240 (2),

ROCHER ET CHATEAU DE CORNILLON
(Vue prise des bords de la Loire)

est aujourd'hui détruite; mais elle a laissé des vestiges qui permettent d'en reconstituer le tracé.

Elle était flanquée de tours, élevées dans les emplacements qui présentaient une assiette convenable et se prolongeait ainsi

----

(1) On y voit encore la place occupée par d'énormes gonds et les entailles où se plaçaient les barres de fer pour la consolider.
(2) On sait qu'Aymard de Baudiner fit reconstruire les fortifications de Cornillon dans lesquelles il enferma dix nouveaux feux.

jusqu'à la Loire, où elle se rattachait à un énorme rocher per-
pendiculaire dont la base, continuellement battue et rongée
par les flots, forme une voûte immense où les eaux vont se
perdre comme dans un gouffre.

La seconde enceinte, encore visible aujourd'hui, se rattachait
également au rocher qui domine la Loire et en suivait les sinuo-
sités. Elle s'articulait aux constructions de l'église, qui contribuait elle-même à la défense de la place. De là, elle allait
rejoindre le château lui-même, auquel elle se soudait par une
galerie soutenue par un hourdage faisant saillie extérieurement
et intérieurement. Cette galerie protégeait la grande porte du
château à laquelle on arrivait en traversant le vingtain, espace
compris entre la porte des chars et la seconde enceinte. L'entrée
principale de la forteresse se trouvait donc ainsi à l'extrémité
d'un couloir resserré entre deux murailles fortifiées et, par
conséquent, d'une défense facile. La grande porte qui la fermait
était dessinée par un bel arc ogival et l'un de ses ventoirs est
encore orné d'une salamandre en fer forgé servant de marteau.
Au-delà de cette porte, un large passage conduira le visiteur
jusqu'au portail carré donnant accès dans l'intérieur même de
la place.

Ce portail, reconstruit au temps de la Renaissance, est surmonté de deux écussons aux armes des de Laire (1) accolés et
timbrés d'un casque de profil tourné à gauche. Il traversera
ensuite un couloir voûté qui le mettra au-delà de la troisième
enceinte ; puis une petite cour rectangulaire, enfin un second
couloir au bout duquel quelques marches de pierre lui donneront accès dans la cour intérieure.

A droite est la citerne, dont l'étroit orifice ne laisse point
soupçonner l'immense volume d'eau qu'elle conserve. Elle
s'étend sous une partie des cours et des appartements qui

(1) *D'argent au lion de gueules.*

l'avoisinent. En face, une petite porte, surmontée d'une accolade, conduit à la cuisine et aux salles basses. A remarquer
dans la cuisine, deux fours anciens de dimensions très inégales :

PORTE DU GRAND ESCALIER DU CHATEAU DE CORNILLON
(Début du XVI° siècle)

on sait, d'après un document du XVII° siècle, que le grand servait à cuire le pain des châtelains, et que le petit était réservé
« aux pâtés ». Quant aux salles basses, elles sont ornées de
cheminées monumentales dont les montants sont formés par

des colonnes surmontées de chapiteaux frustes, engagés dans le gros œuvre. Cette partie est la plus ancienne du château.

A gauche est la porte de la montée principale, qui fut reconstruite par Jacques de Laire au début du XVI° siècle. Le cintre de la porte, très surbaissé, se relève un peu vers le milieu en manière d'accolade. Elle est ornée de riches moulures et de filets déliés. Des clochetons aux formes sveltes et gracieuses, aux frontons triangulaires, à la naissance pyramidale, aux aiguilles hérissées de crochets, en garnissent les côtés. Vers eux s'inclinent de larges feuilles qui ornent l'arcade simulée d'une ogive surbaissée ; le tout est vivement empreint de la gracieuseté de l'époque.

Cette belle porte donne accès dans une tourelle hexagonale, qui abrite l'escalier conduisant aux divers étages du château. La colonne autour de laquelle s'enroule l'escalier, s'épanouit au sommet en une gerbe d'une rare élégance et d'une exquise pureté.

Les appartements de cette demeure seigneuriale ont généralement un aspect grandiose. Malgré les nombreuses modifications qu'ils ont subies et quelques placages du XVIII° siècle, apposés sur la vieille demeure des de Laire et des Lévis-Ventadour, on y retrouve cet air grave et sévère qui rappelle leur origine. De petits réduits, d'étroits cabinets, comparativement aux vastes et magnifiques salles qu'ils avoisinent, de tortueux et inégaux passages, des galeries qu'un jour douteux éclaire, conduisent à de superbes appartements richement meublés, de lits, de tables, de fauteuils, de glaces antiques et de grandes cheminées saillantes — « ornées de fines ciselures ez-lesquelles se voyent les blazons des vieux seigneurs de Laire et de leur parentage ».

Au premier étage, on trouve d'abord la salle à manger actuelle. On voit dans cette salle une fort belle cheminée Renaissance, provenant de l'ancien château de Saint-Chamond. Sa partie supérieure est ornée de fines ciselures et elle est soutenue par deux cariatides considérées comme des chefs-

CHEMINÉE DU CHATEAU DE CORNILLON

d'œuvre, en raison de l'exactitude anatomique, de la délica-
tesse de la sculpture et de l'expression des physionomies.

A côté se trouve une autre salle — c'était autrefois la salle

des festins, c'est aujourd'hui le grand salon — ornée de boiseries du XVIII° siècle et dans laquelle on remarque un écusson
en bois sculpté, chargé des armes parlantes de Cornillon (1);
plusieurs tableaux, dont un représente Mme de Riverie, propriétaire du château au milieu du siècle dernier ; enfin, à l'extrémité de la salle, deux grandes colonnes torses en bois sculpté,
ornées de pampres de vigne d'un travail délicat et qui ont dû
appartenir autrefois à un rétable renaissance.

Auprès de cette pièce, se trouve une petite chambre carrée
ornée tout autour de boiseries et de sièges provenant de l'ancienne salle de justice. On y remarque également un coffre-fort
en fer ayant appartenu aux anciens propriétaires du château.
C'est une pièce remarquable qui mériterait une mention dans
l'histoire de la serrurerie. Chaque compartiment, compris entre
des lames d'acier qui entourent le coffre de tous côtés, était
autrefois orné de peinture dont on peut çà et là faire revivre
quelques détails (2).

---

(1) D'azur à la face d'argent chargée de trois corneilles de sable. M. de la
Tour-Varan dit que ces armes de fantaisie avaient été imaginées par
M. Jacquier qui se faisait appeler « Monsieur de Cornillon ! » Ces armes,
ajoute-t-il, étaient parlantes, à cause de la ressemblance des mots Corneille
et de Cornillon. Quelques personnes, en effet, croient que Cornillon a pris
son nom des corneilles qui visitent ce rocher ; c'est possible. Quant à nous,
nous l'emprunterons aux mots celtiques corn (rocher) et ouel (élevé) ou ouil
(de la vallée). Corn'ouel ou Corn'ouil, et par contraction Corn'illon, ne
signifie autre chose que le rocher élevé, le rocher de la vallée.

(2) On voit encore dans cette salle un des pierriers qui servaient autrefois
à la défense du château. C'est un beau et rare spécimen de l'art militaire au
XVI° siècle. Ce pierrier est fort ancien car sa forme, sa structure, son mode
de fabrication accusent l'enfance de l'art. Il est en fer battu et se compose
d'un tube de médiocre longueur et d'une culasse qui s'articule au pierrier
par des coins de fer rivés. Celui-ci est formé d'une chemise intérieure en
tôle, maintenue par des bandes longitudinales de fer battu, recouvertes
elles-mêmes par des cercles de fer.
Ce pierrier ancien se chargeait comme le mortier, c'est-à-dire qu'on y
mettait d'abord la quantité de poudre dont la chambre devait être remplie.
On recouvrait cette poudre de foin et de terre, après quoi, on posait
dessus une quantité de pierres et de cailloux. Son effet était très grand.
L'espèce de grêle de pierres qu'il produisait faisait quelquefois de grands
ravages.

Une petite porte basse, placée à droite et au fond du grand salon, conduit dans les chambres à coucher (1).

On trouve d'abord la salle dite des Seigneurs, dite aussi chambre des cuirs, à raison de la magnifique tapisserie en cuir de Cordoue gaufré et doré qui recouvre les murs. Cette tapisserie, qui est une rareté, date du temps de Louis XIII comme tous les meubles de cette pièce. La cheminée gothique porte un écusson aux armes des Grimod de Bénéon, propriétaires du château au siècle dernier.

La bretagne représente un sauvage adorant le soleil avec cette inscription : « J'adore ce quy brulle ». Un bahut, admirablement conservé, à colonnes torses, dit meuble du Vœu en souvenir du vœu de Louis XIII, a son fronton orné d'une Vierge vénérée par deux anges placés dans des niches ajourées.

La grande fenêtre est flanquée de deux sièges de pierre que l'on recouvrait autrefois de coussins de plume et sur lesquels les dames s'installaient pour filer ou broder. Près de cette fenêtre est un meuble italien en marqueterie avec incrustations d'ébène et d'ivoire. Une série de cachettes et de tiroirs sont dissimulés derrière les cloisons intérieures de ce meuble. A remarquer encore un coffret en mosaïque et une petite crédence florentine surmontée d'une glace de Venise du commencement du XVIIe siècle.

Par une porte, placée à droite, on pénètre dans la chambre *dite des Chinois* en raison de la tapisserie de toile, peinte en vignettes et représentant des chinoiseries fort à la mode sous le Roi Soleil. Cette chambre, style Louis XIV, renferme un lit dont le ciel et le dossier représentent un merveilleux travail de broderie ancienne. On y voit également une commode et un bureau à ventres rebondis et pieds de biche.

Une porte percée à gauche dans la chambre des cuirs, conduit

(1) Les renseignements qui suivent nous ont été fournis par M. Boudoint que nous sommes heureux de remercier de son obligeance.

dans la chambre bleue (style Louis XV). Une seule robe de cour, genre Pompadour, a servi à tapisser le lit et tous les sièges. Tout est ancien d'ailleurs dans cette pièce, malgré la dorure récente dont on a dû recouvrir certains meubles trop endommagés, notamment une magnifique psyché.

Deux panneaux de tapisserie d'Aubusson représentant le Jeu et la Danse décorent une partie des murs. Le côté de la chambre dans lequel s'ouvre la fenêtre, est orné de peintures à fresque, découvertes sous le badigeon. Ces peintures datent des premières années du XVIᵉ siècle. Elles représentent des sujets allégoriques et faisaient partie d'une série de reproductions qui se déroulaient tout autour de la pièce et dans laquelle les vertus et les vices étaient personnifiés par des animaux symboliques. Malheureusement il n'en subsiste que trois. Chaque représentation allégorique est accompagnée d'une inscription en caractères gothiques destinée à expliquer le symbolisme et à en faire saisir le sens. A droite de la fenêtre, la plus éloignée représente un coq. Au-dessus, dans un enroulement, on lit l'inscription suivante :

> Hardi, joyeux et libéral,
> Me maintiens toujours en ce monde.
> Amoureux suis et cordial :
> Charité en tous biens abonde.

La peinture voisine, près de la fenêtre, représente un cygne ; dans l'enroulement placé au-dessus, on lit :

> Chanter je sais bien en ma vie,
> Chant qui est moult délicieux ;
> Quand je meurs point ne l'oublie
> Qui vit bien doit mourir joyeux.

A gauche de la fenêtre, on voit entre deux arbres un paon ; il est surmonté d'un enroulement dans lequel est inscrit :

> Quand je vois ma belle figure,
> Orgueilleux suis hautain et fier.
> Belle folie peu ne dure ;
> Nul ne se doit glorifier.

Au-dessus de la fenêtre se lit cette autre légende en grandes lettres :

LOYAULTÉ, VERTU.

Au-dessus des deux portes de cette pièce sont des cartouches représentant deux paysages de l'école du Poussin. La peinture a malheureusement tourné au noir.

A la suite vient une chambre dont les murs sont revêtus d'une tapisserie en point de Venise du XVII° siècle. Le lit et la fenêtre sont garnis de tentures de même style, véritable modèle de ce genre de travail.

Notons un bureau Louis XIII, une armoire même époque dite à pointes de diamant; un siège seigneurial, quelques armes anciennes et un bénitier en étain d'assez jolie facture.

La plupart de ces appartements sont éclairés par des fenêtres à croisillons, carrées à l'extérieur et à cintre très surbaissé en dedans. Quelques-unes d'entre elles sont ornées de grisailles fixées par des lames de plomb taillées diversement. Deux croisillons sont encore ornés des armoiries des de Laire peintes sur verre.

Nous traversons un corridor, éclairé par une fenêtre à mailles de plomb, prenant jour sur la petite cour centrale, pour arriver dans le corps de bâtiment qui forme l'aile nord du château en façade sur la Loire. Cette façade, longue d'une cinquantaine de mètres, ne comporte qu'une pièce habitable.

Cette pièce, dite la chambre rouge, a 14 mètres de longueur. Elle est éclairée par deux fenêtres prenant jour, l'une sur la petite cour intérieure, l'autre sur la vallée de la Loire. Deux panneaux sont ornés de tapisseries de Beauvais contemporaines de Louis XIV. Les chaises de la même époque ont les pieds ornés à leur extrémité de griffes de lion enserrant une boule. Une armoire finement sculptée mérite d'être admirée, malgré sa forme générale un peu massive. Ses quatre panneaux sont sculptés en forme de vases garnis de fleurs et de fruits et enca-

drés dans des guirlandes de fleurs d'un haut relief et d'une rare
élégance. Dans une encoignure de la pièce, on voit un lit à
colonnes et dans une autre un paravent en toile peinte, style
Louis XIV. La cheminée ancienne est sans caractère. De chaque
côté sont deux grands bras en noyer sculpté, destinés à supporter des flambeaux aux jours de gala. A noter encore une
glace Louis XIII de proportions peu ordinaires pour l'époque.

On pénètre ensuite dans deux grandes salles vides qui en
formaient trois autrefois (1). Ce sont les salles de justice, où
les barons jugeaient leurs vassaux.

Ces salles de grande allure, éclairées par des fenêtres à meneaux, encore ornées de leurs sculptures, montrent dans leurs
murs les pierres en encorbellement qui supportaient la charpente
du plafond. Ces corbeaux représentent des figures grimaçantes
curieuses. La première de ces salles garde complètement intacte
une magnifique et immense cheminée gothique du plus pur
style (2). A l'extrémité de la salle du fond, s'ouvre une fenêtre
d'où l'on jouit d'une vue merveilleuse sur la Loire que l'on
domine presque à pic d'une hauteur de 130 mètres.

A cette pièce est adjointe une sorte de petite salle voûtée,
creusée dans le rocher et éclairée par une étroite fenêtre ; elle
communique par un puits étroit avec une autre pièce de même
dimension, située au-dessous, et sans autre issue. Ces deux
pièces paraissent avoir servi autrefois de cachots ou d'*in pace.*

---

(1) La première était appelée salle des Pas Perdus, la seconde salle d'Audience
et la troisième salle du Conseil. C'était là que siégeait la justice du mandement, environnée de ses cachots, de ses oubliettes et de tout l'appareil
sinistre qui précède et qui suit la justice humaine.

(2) La toiture de cette partie du château a été refaite par Monsieur Durand.
En 1850 M. de La Tour Varan qui la visitait la décrivait en ces termes :
« Malgré l'état de ruine et de dégradation de cette partie du château, elle a
conservé un reste puissant de ses allures sévères. Des cheminées en lam-
beaux, des murailles entr'ouvertes, des croisées s'en allant en éclats, des
modillons suspendus à une grande hauteur et restés intacts, tandis que les
charpentes qu'ils soutenaient ont disparu depuis longtemps. »

6

Ces salles de justice communiquent directement avec le grand escalier.

Tel est l'ensemble du vieux château. Un autre point mérite notre attention, dit La Tour-Varan, auquel nous empruntons les détails qui suivent, « c'est celui où se repliaient les assiégés en cas de péril; c'est le donjon, dernier espoir de salut dans les instants de détresse, et aux alentours duquel on respire encore une odeur de guerre féodale ou de parti religieux. On y arrive par le grand escalier qui aboutit à un terre-plein placé au-dessus des salles de justice. C'est là que se dresse devant vous le formidable donjon, planté hardiment sur le point le plus élevé du rocher. Sur toutes ses faces le lierre a implanté ses griffes tenaces et crochues. Son esplanade est recouverte d'une épaisse couche de terre végétale. Le groseillier des Alpes, la joubarbe charnue, le sceau de Salomon couvrent le sol. L'iris odorant, le capillaire aux nombreuses variétés, le lichen et les mousses nuancées, y forment un large tapis que dominent des frênes énormes et des lilas touffus. Au bord des fenêtres et dans les fissures extérieures, la giroflée étale ses frêles rameaux. »

Deux côtés seulement des murailles de l'ancien donjon sont encore debout. Elles servent à nous indiquer ses dimensions exactes. Nous savons par les documents qu'il se composait d'une pièce basse et d'un premier étage, surmonté d'une toiture à la française, c'est-à-dire à pignon aigu. La grande salle du rez-de-chaussée était justement appelée *Beauregard,* en raison du panorama magnifique dont on jouissait des fenêtres ouver-tes sur chacune de ses faces. On voit encore, creusée dans le sol, l'ouverture du puits par lequel les hommes d'armes commu-niquaient avec le reste du château sans sortir du donjon.

Malgré les ruines causées par le temps, le château de Cornil-lon, grâce au goût et aux sacrifices de ses derniers propriétaires, est encore un des plus intéressants à visiter du Haut Forez. Le tracé de ses anciennes murailles existe toujours et il est facile de les rétablir par la pensée. Du côté du ravin des Brunet surtout, le château a conservé assez fidèlement sa physionomie ancienne ; car, pour la lui rendre, il suffirait de couronner les murailles de créneaux et de rétablir les toitures supportées par des mâchicoulis et surmontées de pignons aigus.

A l'intérieur, l'illusion est plus facile encore, car, si à la tombée de nuit, on parcourt ces appartements vastes et solitaires, ces corridors étroits et tortueux, on croit entendre sur les remparts le pas monotone de l'homme d'armes chargé de faire le guet, et dans les salles la voix autoritaire des anciens barons de Cornillon. Sans doute, les cours ne retentissent plus des cris des chasseurs et des hennissements des chevaux ; mais elles ont conservé assez fidèlement leur aspect ancien : petites, étroites et encadrées de hautes murailles, elles nous rappellent l'antique forteresse féodale des de Crussol et des de Laire, plutôt que la demeure d'été des Jacquier et des Bénéon de Riverie.

DEUXIÈME PARTIE

Le Village et la Paroisse de Cornillon.

I

Nous ignorons à quelle époque remonte le premier groupe-
ment d'habitations auprès du rocher de Cornillon. Certains
auteurs croient qu'il est antérieur à la construction du château
féodal. Cependant jusqu'à présent on n'a découvert aucun
vestige des époques gallo-romaine ou mérovingienne qui puisse
justifier cette assertion. Il y a quelques années, on a bien mis
au jour des restes de substructions anciennes sur la pente du
ravin des Brunets, entre le hameau des Girards et les
habitations du bas de Cornillon ; mais ces traces étaient trop
peu considérables pour qu'il fût possible de leur assigner une
date déterminée.

Les plus anciens lieux habités du territoire de Cornillon sont
vraisemblablement ceux de Lyet et de La Vaure, dont les noms
sont d'origine latine, et celui connu dans les documents sous le
nom de « Vieil Infirmerie ». Ce dernier lieu était placé sur
une ancienne voie romaine située à l'extrémité du territoire de
Cornillon dont elle faisait la limite, et mettait en communication

le Forez et le Velay. Cette voie, dont la grande route actuelle de Firminy à Saint-Ferréol a fait disparaître les derniers vestiges, est souvent mentionnée dans les actes du moyen âge sous les noms de voie ferrée, grand chemin public et même de voie ancienne.

II

L'église paroissiale de Cornillon est la partie la mieux conservée des constructions primitives qui forment l'ensemble du château : c'est la seule partie qui garde des traces non équivoques de la période romane. En effet, sa construction, *sa fenêtre* plein-cintre et le cordon qui entoure l'abside et en dessine le contour, appartiennent à la seconde moitié du XIIe siècle.

Il est probable qu'il faut faire remonter à la même époque l'établissement dans la chapelle castrale d'un service religieux régulier, service qui alors aurait été fait par les moines du prieuré de Firminy (1). Quoi qu'il en soit, Cornillon est cité dans un pouillé (2) de la fin du XIIe siècle parmi les paroisses sur lesquelles l'église primatiale de Lyon avait le droit de percevoir une redevance de cire et VII sols. Toutefois, il est juste de dire que la quotité de cette imposition est la plus petite de toutes celles mentionnées dans la charte des redevances paroissiales dues au chapitre métropolitain de Saint-Jean.

L'église de Cornillon fut placée sous le vocable de saint Marcel, martyr, suivant la coutume ancienne qui donnait de

---

(1) Un document du XIVe siècle nous apprend que les religieux de Firminy levaient les dîmes de la paroisse de Cornillon, à la charge de dire 3 messes par semaine dans l'église dudit lieu.

Requête des habitants de Cornillon à Nicolas de Crémone, délégué du pape, contre le prieur et les religieux de Firminy... du 27 novembre 1371.

(2) *Pouillé,* registre où étaient inscrites les redevances en argent ou en nature dues à une abbaye ou à un chapitre.

préférence pour patron aux premiers monuments religieux les saints apôtres ou les martyrs des premiers siècles (1).

Le plus ancien curé de Cornillon dont le nom soit parvenu jusqu'à nous est messire Barthélemy, qui vivait en 1326 et assistait comme témoin à la confirmation de la charte faite, cette année-là, par noble dame Luce de Baudiner, baronne de Cornillon.

III

Nous avons dit, en esquissant l'histoire des seigneurs de Cornillon, quelles étaient les concessions faites à leurs vassaux par ces chartes de franchises et privilèges, octroyées et amplifiées successivement par les seigneurs des maisons de Baudiner et de Poitiers. Il est facile en les lisant de se faire une idée de la vie des habitants des campagnes à cette époque. Mais, indépendamment des traits de mœurs curieux qu'elles nous font connaître, elles nous montrent à côté des grands seigneurs hauts justiciers, une petite bourgeoisie, composée principalement des gens de justice, procureurs, notaires, avocats et tabellions dont l'influence va sans cesse grandissant.

---

(1) Saint Marcel succéda dans le souverain Pontificat à saint Marcellin, vers 304. Ce souverain pontife divisa la ville de Rome en vingt-cinq paroisses dans chacune desquelles il établit des prêtres chargés d'administrer les sacrements. Persécuté par le tyran Maxence, compétiteur de Constantin, il fut condamné à panser les bêtes dans une étable. Après neuf mois passés dans ces viles fonctions, les chrétiens de Rome vinrent délivrer leur pontife et le cachèrent dans une maison de la ville qui fut transformée en basilique et plus tard placée sous le vocable même de saint Marcel. Maxence ayant découvert la retraite de Marcel le fit cruellement flageller, puis jeter dans une prison infecte où il mourut le 16 janvier de l'an 310.

Les reliques de saint Marcel restèrent dans le cimetière de Priscille jusqu'au temps du pape saint Martin. A cette époque une notable partie fut donnée à l'abbaye de Cluny dans laquelle se trouvait une chapelle consacrée à saint Marcel. L'église de Cornillon en possède depuis longtemps une parcelle.

Nous relevons dans la charte de Cornillon ou ses amplifications, les noms de Pierre Chapelle, Jean Dalbe et Pierre
Cartanel, tous trois consuls de la ville de Cornillon en 1326 ;
ceux de Nicolas Cartanel, Pierre Bocher et Jean Julien, notables
habitants de Cornillon à la même époque, et ceux de Guillaume
Deville et de Guillaume Pélissier, notaires royaux de la
baronnie de Cornillon, qui, tous deux, se rendirent, en 1336, à
l'abbaye de Clavas, pour recevoir les dernières volontés de
leur noble châtelaine, dame Luce de Baudiner, « alors détenue
de maladie » (1). Guillaume Pélissier, dont nous venons de
parler, était le notaire attitré de la Baronnie ; car nous le
voyons, dès l'année 1315, enregistrer comme notaire royal les
actes de foi et hommages jurés par les vassaux de Cornillon
à leur suzeraine. Un de ses descendants Denis Pélissier était
greffier de Cornillon en 1453 et signait en cette qualité le
vidimus d'une donation faite par Jean de la Rochain, son
neveu, châtelain de Cornillon, des rentes qu'il avait acquises
du seigneur de Villeneuve et de Germaine de Taillefer.

IV

A cette époque lointaine l'église était vraiment la maison de
tous. Ainsi c'est devant l'église, dite de Saint-Marcel de
Cornillon, que se font les actes solennels de la vie communale,
les réunions des notables à l'effet d'élire un luminier ou de
prendre des décisions importantes intéressant la communauté
des habitants.

Cette église reçut dans le courant des XIII° et XIV° siècles
de nombreuses donations. Nous avons relaté en son temps

---

(1) *Testament de dame Luce de Baudiner, baronne de Cornillon.*

celles faites par Armand de la Rochain, qui par son testament daté du 8 février 1342, fait un legs au curé de l'église de Saint-Marcel de Cornillon..... au luminaire de l'église de Cornillon et à la confrérie de sainte Catherine du même lieu (1). Ce testament est intéressant parce qu'il nous apprend que dès cette époque des confréries étaient établies dans les églises de campagne.

En 1361 Hugues de Combe, damoiseau, paroissien de Saint-Etienne de Furan, fait des legs au luminaire de l'église du bienheureux Marcel de Cornillon, à l'hôpital du bienheureux Antoine de Vienne et à la grande église en construction de Saint-Jean de Lyon. Ses exécuteurs testamentaires étaient Raymond de Vachères, Armand de La Rochain et Hugues de Thiolière, damoiseau (2). Dix ans après la générosité faite par Hugues Décombe à l'église de Cornillon, cette église était en fort mauvais état, à en juger par une requête des habitants « à Nicolas, archidiacre de Crémone, auditeur des causes du palais papal, à l'effet de citer le prieur de Firminy à comparoir en Avignon, afin de se voir condamner, si faire se devait, à célébrer le service divin en l'église parrochiale de Cornillon, où il estoit tenu de le faire trois fois par septmaine, pour le moins, et pour réparer ladite église dont le couvert estoit tout ruyné, à raison de quoi il tenoit les dismes en la paroisse de Cornillon ». La réclamation des habitants était trop justifiée pour ne pas obtenir gain de cause; aussi, le 27 novembre 1371, Nicolas de Crémone, délégué par le pape Grégoire, condamna-t-il le prieur N. de Villedieu à renoncer à la dîme de Cornillon ou à s'acquitter des obligations qu'elle lui imposait (3).

---

(1) Legs : « desservitoribus... sancti Marcelli Cornilhonis... confratrie Beate Catharine Cornilhonis... »

(2) Legs : « luminarie... ecclesiæ... Beati Marcelli Cornilhonis... hospitali beati Anthonii Viennensis... operi ecclesiæ majoris Lugduni... »

(3) Inventaire des titres de la seigneurie de Cornillon.

En 1391 Jean Sadabard de Fontclause (1), paroisse de
Cornillon, choisit sa sépulture dans le tombeau de ses ancêtres
au cimetière de Saint-Paul près Cornillon et fait un legs au
luminaire de Saint-Marcel de Cornillon et à l'hôpital du
bienheureux Antoine de Vienne (2).

A l'époque de cette donation, le curé de Cornillon était messire
Guillaume Codère ; il est inscrit dans le terrier de la baronnie
à la date du 27 mars 1397, comme jouissant, en raison de sa cure,
d'une maison, étable et jardin situés en la ville de Cornillon (3).
Le 27 décembre de la même année Jacques Robin de Cornillon
faisait une donation au luminaire de Saint-Marcel de Cornillon,
au bienheureux Antoine de Vienne et au curé de Cornillon. Il
laissait de plus une aumône à la charité de cette église ; c'est-
à-dire, à la distribution qui se faisait aux pauvres devant
la dite église, le jeudi de l'Ascension et au pèlerinage qui s'y
rendait le lundi de Pâques. Ce testament fut passé en présence
de Jean Codère, clerc juré de la cour de Forez (4).

En 1399, Simon Monier de Cornillon fait un legs au luminaire
de Saint-Marcel dudit lieu, à l'œuvre du Pont du Rhône, à
l'église de Saint-Jean de Lyon et à l'hospice de Saint-Antoine
de Vienne. Il fait de plus, à titre d'hommage, un don au noble
et puissant seigneur de Cornillon son maître... (5).

Les testaments que nous venons de mentionner nous apprennent que dès cette époque, plusieurs confréries étaient établies
dans l'église de Cornillon. Citons notamment celle de sainte
Catherine, celle du Saint-Esprit et celle de la Charité. Cette

---

(1) Le petit hameau de *Fontclause* fait actuellement partie de la commune
de Çaloire qui dépend de la paroisse de Saint-Paul-en-Cornillon.

(2) *Archives départementales*, II, page 179.

(3) *Terrier de la Baronnie de Cornillon signé Alapii.*

(4) Legs : « *caritati que datur, die jovis Ascensionis Domini, in parrochia
Cornilhonis ; peregrinationique fit die lune Pasche.....* » — *Archives départementales*, II, page 217.

(5) *Archives départementales*, II, page 215.

dernière avait principalement pour but le soulagement des pauvres par des distributions périodiques d'aumônes. Aussi trouvons-nous de nombreux legs en argent et en nature, à la « Charité de Cornillon », pour être distribués le jeudi de l'Ascension et le lundi de Pentecôte, jours où l'on avait coutume de venir en pèlerinage à cette église.

Ces documents nous apprennent également que l'église de Cornillon, qui à la fin du quatorzième siècle était placée sous l'unique vocable de saint Marcel, y ajouta alors celui de saint Antoine.

Ce dernier titre lui venait d'une ancienne chapelle dédiée à ce saint et construite auprès d'un de ces refuges appelés hospicium, hospice ou infirmerie. Nous avons dit en effet qu'il existait autrefois, à l'extrémité de la paroisse de Cornillon, du côté du Velay, une ancienne voie romaine sur le bord de laquelle se trouvait un petit hôpital ou léproserie, construite et dotée par les premiers seigneurs de Cornillon. On avait élevé auprès de cet hospice une petite chapelle, placée sous le vocable de saint Antoine, où les personnes atteintes d'une maladie épidémique appelée « mal des Ardents » (1), venaient vénérer les reliques du grand solitaire de l'Orient. Cette maladie était alors tellement répandue que beaucoup de seigneurs foréziens avaient fondé des « hospices » semblables sur leurs terres. Nous connaissons notamment les infirmeries ou maladreries de Montbrison, de Feurs, de Saint-Etienne, de Feugerolles, de Saint-Just et de Saint-Marcellin, — pour ne citer que celles de la région (2) —

(1) On appelait *mal des Ardents* une maladie dermatologique accompagnée d'une fièvre intense, d'où son nom de *mal de feu* ou des Ardents. Cette maladie faisait quelquefois de si grands ravages dans les populations qu'on était obligé de séquestrer ceux qui en étaient atteints.

(2) Un refuge semblable existait sur le territoire de *Saint-Maurice-en-Gourgois*, sur la voie châtelaine, route ancienne qui conduisait de la Loire à Saint-Bonnet-le-Château. Nous trouvons dans un terrier de *Saint-Bonnet* une reconnaissance de Jacques Faujas pour maison, jardin et terre au « gros amas de pierres », près de la « terre de l'hôpital... ». *(Juxta terram « hospitalis... »* d'Antoine Benoît, pour une terre... *in via chastelana).*

qui toutes étaient placées sous le vocable de saint Antoine et sous la dépendance de la grande commanderie de Vienne en Dauphiné.

A la fin du XIVᵉ siècle cette chapelle étant tombée en ruines, son vocable fut réuni à celui de l'église paroissiale qui devint l'église de Saint-Marcel et de Saint-Antoine de Cornillon. On voit, en effet, dans le testament de Pierre de l'Hôpital, fils de Grégoire de l'Hôpital de la paroisse de Firminy, une donation en faveur du luminaire de Saint-Antoine de Cornillon. Cet acte est du 9 janvier 1411 (1). Cinq ans plus tard, le 3 août 1416, Barthélemy Sauzet de la paroisse d'Aurec faisait un legs en faveur du même luminaire de Saint-Antoine (2). Toutefois ce nouveau vocable ne supprima pas immédiatement l'ancien, car nous trouvons à la date du 11 mars 1415 une donation faite par Barthélemy Guillard, paroissien de Saint-Ferréol, en faveur du luminaire du bienheureux Marcel de Cornillon (3). Les actes postérieurs à ceux que nous venons de citer et qui sont parvenus jusqu'à nous font ordinairement mention du double vocable. L'église paroissiale de Cornillon resta sous le patronage des saints Marcel et Antoine jusqu'à la fin du XVIIᵉ siècle. A cette époque le vocable primitif disparut, si bien que depuis 1682 les documents ne font plus mention que de l'église de Saint-Antoine de Cornillon.

V

Aux jours troublés de la guerre de Cent ans Cornillon eut plusieurs fois à souffrir du passage des bandes anglo-gascones.

Déjà, au mois de mai 1387, le mandement de Cornillon avait

---

(1) *Archives départementales*, II, page 202.
(2) *Archives départementales*, II, page 238.
(3) *Archives départementales*, II, page 261.

été imposé extraordinairement de 8 sols d'or pour la solde des
gens d'armes et chevaucheurs commis à la garde du pays de
Forez (1). En 1435 une nouvelle imposition de 41 livres 12 sols
tournois fut mise sur le mandement de Cornillon, pour la quotité
qu'il avait à payer sur une somme de 4.500 livres, octroyée au
duc de Bourbon par les trois états de son pays de Forez, à
l'effet de défendre ledit pays contre les Anglais qui lors tenaient
la campagne (2).

Ces impositions, qui nous paraîtraient légères aujourd'hui,
étaient autrefois exorbitantes si l'on songe qu'elles étaient
indépendantes des corvées et des cens seigneuriaux, des tailles
royales et des redevances ecclésiastiques. Les habitants des
villes de Cornillon et de Saint-Paul devaient de plus faire le
guet et garde au château de Cornillon, en entretenir les murailles
et subvenir au besoin d'une garnison assez nombreuse placée
sous les ordres du capitaine-châtelain, dont les exigences étaient
plus grandes et plus dures encore que celles des seigneurs.

Le premier que nous trouvons investi de la charge de capitaine-
châtelain de Cornillon est Jean de Berchoux, seigneur de Berchoux, de Gourgois et autres lieux, qui vivait à la fin du XIIIᵉ
siècle. A sa mort il laissa ses fonctions à son fils aîné Pierre de
Berchoux, qui touchait, en raison de sa charge, une somme
annuelle de 2.400 livres.

Le 3 juin 1324 il faisait une transaction avec haute et puissante
dame Luce de Baudiner, baronne de Cornillon, par laquelle « il
renonçait à la somme annuelle de 2.400 livres, qu'il recevait
comme capitaine-châtelain de Cornillon et au greffe de ladite
baronnie..., lesquels émoluments et greffe appartiendront

(1) *Recette de la quarte partie d'un fouage* (impôt sur les feux), *par Etienne
d'Entraigues, trésorier de Forez, pour l'année 1371.*

(2) « *Compte de ung aide de quatre mil V cens livres tournois octroyé à Monseigneur le duc de Bourbonnois et d'Auvergne, par les gens des trois estaz de
son païs de Forez, le dernier jour de janvier 1435, pour l'aider en son voyage,
pour le fait de la paix*..... »

désormais à ladite dame, qui, en retour, cède et transporte à perpétuité audit seigneur de Berchoux et à ses descendants, le château et fief des Bruneaux, es mandement de Cornillon, avec la vieille ferme et les terres environnantes, à la seule charge de rendre hommage dans le temps voulu et la forme accoutumée au P. Prieur de Firminy... ». Cette transaction fut passée au château de Cornillon, en présence de M. Guerin de Romier, juge de ladite baronnie.

Claude de Berchoux, chevalier, seigneur de Berchoux, Gourgois, partie de Saint-Maurice, les Bruneaux et autres lieux, succéda à son père comme capitaine-châtelain de Cornillon. C'est en cette qualité que le 3 décembre 1340, il faisait un accord avec ses frères au sujet du partage des biens de leur maison. A sa mort, arrivée en 1366, il laissa ses biens et son titre de capitaine-châtelain de Cornillon à son fils Jean de Berchoux (1), 2° du nom, qui, le 8 octobre 1367, rendait hommage au prieur de Firminy, Pierre de Villedieu, pour sa maison et grange des Bruneaux, en raison de sa récente prise de possession (2).

Pierre de Berchoux qui lui succéda rendait hommage au mois de juillet 1389 à vénérable personne Etienne Jaccourt, prieur de Firminy, pour son fief des Bruneaux. Pierre de Berchoux mourut aux Bruneaux et fut enterré dans l'église du prieuré de Firminy, sous une belle dalle de marbre qui se voyait encore à la fin du XVII° siècle.

Ambiard de Berchoux, qualifié dans un acte de 1411 capitaine-châtelain héréditaire du château de Cornillon, rendait hommage pour sa terre des Bruneaux, à genoux, les mains jointes entre celles du prieur de Firminy, vénérable et discrète personne Guillaume de la Tour.

---

(1) Claude de Berchoux avait épousé le 13 mars 1336, Blanche Duvernet, fille de Jean Duvernet, seigneur d'*Ouliac* près *Aurec* et de Julienne de Semène.

(2) Jean II de Berchoux rendait hommage le 8 octobre à Bernard de Laire, nouvel acquéreur de Cornillon.

Le temps où Amblard de Berchoux commandait les hommes d'armes du château de Cornillon fut l'époque la plus malheureuse de notre histoire.

Guillaume de Laire, seigneur de Cornillon, capitaine des hommes d'armes du comté du Forez, était sans cesse en course pour combattre les petites bandes de routiers et d'Anglo-Gascons, cachées dans les immenses forêts du plateau de Saint-Bonnet, ou dans la partie montagneuse du Forez qui confine au Velay. Aussi la police laissait-elle fort à désirer. Nous en avons la preuve dans un compte de dépenses du prévôt de Saint-Victor, auquel vraisemblablement incombait le soin de maintenir l'ordre dans le mandement de Cornillon en l'absence du seigneur haut justicier. Nous y voyons notamment une dépense de 15 sols, inscrite par Jean Thomas, prévôt de Saint-Victor, au nom du comte de Forez... « pour les dépenses du prévôt et des quatre sergents, qui passèrent les 30 et 31 octobre 1415 à Firminy et à Saint-Ferréol, pour poursuivre les meurtriers qui avaient tué le curé de Cornillon ».

Quelques années après il arriva à un capitaine de routiers une singulière aventure.

C'était vers 1432, un aventurier espagnol nommé Rodrigue de Villandrando, qui à la tête d'une grande compagnie, composée de routiers « estant Flamands, Armagnacs et autres gens... » occupait la Basse-Auvergne. Au commencement de 1432, se trouvant à Ambert (1) — dont les consuls lui offrirent gracieusement un cheval qu'ils avaient pris de force au bailli d'Allègre, — il forma le dessein de gagner à petites journées le Velay, puis le Gévaudan, pour de là opérer sa jonction, au printemps de cette année, avec Valette, un chef routier établi dans les

(1) Rodrigue avait fait exécuter une battue contre les gens de la campagne, lorsque Jean de Langeac, sénéchal d'Auvergne, vint le trouver, pour entrer en accommodement. Le sénéchal et les villes rivalisèrent de générosité pour se concilier la faveur du redoutable routier. — *Ordonnance des Etats d'Auvergne 1431.*

causses des Cévennes et les hautes montagnes qui dominent le cours supérieur du Gard (1).

Rodrigue de Villandrando quitta donc Ambert pour descendre sur les bords de la Loire. Après avoir rançonné en passant Saint-Bonnet-le-Château, il arriva devant Aurec, où il entra « incontinent » et où ses soldats s'établirent comme en pays conquis, bien que cette petite ville eût été de tout temps fidèle au parti royal pour lequel Rodrigue combattait (2). C'est là où arriva l'événement auquel nous faisions allusion et que le vieil historien forézien La Mure nous raconte en ces termes (3) :

« Un certain seigneur espagnol, nommé Rodrigue de Villandrando, étant entré, avec un faste impie, dans l'église d'Aurec qui est sur l'extrémité du Velay, près de ce pays de Forez, et ayant sacrilègement attaché son cheval à l'image en relief de Saint-Pierre qui était sur l'autel, ce cheval devint si furieux que, Rodrigue de Villandrando s'opiniâtrant à le monter, il le transporta par force dans le fleuve de Loire, où il se noya. Et les paysans de Cornillon-en-Forez, ayant pêché et trouvé son corps auprès dudit lieu et s'étant saisis du cheval, qui s'était échappé, en signe et mémoire de cet événement, qui fait voir la vengeance que Dieu tire des impies, attachèrent la bochette de cuivre doré du mors de bride de ce cheval à la porte de leur église, ainsi qu'on l'y voit encore aujourd'hui... (4). »

---

(1) Cet aventurier, ancien compagnon d'armes de Rodrigue de Villandrando, voulut tendre une embûche, entre Nîmes et Mende, au comte de Foix, qui se disposait à venir en France. Le comte en eut avis, doubla son escorte, partit de Nîmes à la tombée du jour, et toujours au galop fit 17 lieues en une seule nuit. Le lendemain matin, il se trouva en présence des Routiers qui furent presque tous faits prisonniers. — *Chroniques béarnaises* (cité par Quicherat dans son étude sur Rodrigue de Villandrando.)

(2) Dix ans auparavant, Aurec avait été pris et pillé par les bandes d'Heracle de Rochebaron, qui soutenait en Velay le parti des Bourguignons.

(3) La Mure, *Histoire des ducs de Bourbon et comtes de Forez*, tome II, p. 151 et note.

(4) Autrefois on ne pouvait accéder à l'église que par la grande porte du château.

Tel est le récit tracé par La Mure en 1675. Il l'avait emprunté aux mémoires manuscrits du forézien Antoine du Verdier, grand historiographe de France, qui vivait dans la seconde moitié du XVIᵉ siècle ; lequel l'avait lui-même recueilli de la bouche des habitants d'Aurec (1).

Toutefois, ce fait qui, dans sa vérité historique, ne saurait être contesté, ne peut pas avoir eu pour acteur et victime Rodrigue de Villandrando en personne. On sait, en effet, que ce guerrier épousa l'année suivante Marguerite de Bourbon (2) et ne mourut que beaucoup plus tard dans ses domaines d'Espagne. Il est probable qu'il doit être attribué à un de ses capitaines ou hommes d'armes, coupable d'avoir commis quelque sacrilège dans l'église d'Aurec et mort tragiquement peu après. Cette coïncidence n'aura pas échappé aux gens du pays qui auront vu là le châtiment de son crime.

VI

Cornillon, 9 may 1469.

Visite pastorale à l'église de Saint-Antoine de Cornillon.

« Le portail de cette église a été nouvellement reconstruit et l'église elle-même réparée à grands frais par les paroissiens dudit lieu. Ils ont une belle bannière toute neuve.

« Il est ordonné que les chasubles déchirées soient réparées et que les habitants se pourvoient d'une chasuble neuve pour les fêtes solennelles. De plus, le livre des registres de baptême sera relié et resuivi dans les feuilles anciennes. Enfin le bréviaire ou livre des offices sera recouvert d'un parchemin neuf.

(1) Antoine du Verdier était né à Montbrison le 11 novembre 1544 ; il mourut à Duerne le 25 septembre 1600. Il a composé plusieurs ouvrages et a laissé des Mémoires manuscrits fort intéressants.

(2) Marguerite de Bourbon était fille bâtarde de Jean I, duc de Bourbon et comte de Forez. Le mariage se fit le 24 mai 1433. — HUILLARD-BRÉHOLLES, *Inventaire des titres de la maison de Bourbon.*

« Le luminier est André Grangeon auquel il a été enjoint, ainsi qu'aux autres habitants dudit lieu, d'obéir avant l'année courante révolue, aux ordres ci-dessus énoncés sous peine d'excommunication.

« L'amende a été fixée à cent sols d'or (1). »

Ce singulier procès-verbal relatant l'état de l'église de Cornillon en 1469, avait été dressé par Barthélemy Bellièvre, clerc, notaire de l'officialité de Lyon, secrétaire du révérendissime seigneur Archevêque et délégué pour la visite des églises du diocèse par vénérable homme et maître Barthélemy Bellièvre l'aîné, secrétaire et greffier de l'officialité métropolitaine.

L'indication laconique condamnant les habitants de Cornillon à cent sols d'amende pourrait paraître singulière et inexplicable, si nous n'en trouvions la raison dans une décision du chapitre métropolitain de Lyon. Cet acte explique en effet que, depuis près d'un siècle, les malheurs des temps et le manque de sécurité des grands chemins n'avaient permis aucune visite pastorale, et que depuis, les églises, cure et luminier n'avaient acquitté aucun des droits dus au chapitre métropolitain de Lyon, en raison des pouillés et terriers anciens.

Ce document ajoute de plus que l'amende fixée par le secrétaire délégué du révérendissime seigneur Archevêque, sera proportionnée aux cas, délits et maléfices perpétrés par les habitants depuis plus de vingt ans et pour lesquels ils n'ont pas été jugés et condamnés (2).

Nous ne savons si les délits et maléfices des habitants de

---

(1) *Apud sanctum Anthonium Cornilhonis.*
Portale ipsius ecclesiæ fit novum et ecclesia ipsa per parrochianos dicti loci reparatur cum magnis sumptibus.
Habeant vexillum novum.
Reparentur omnes casulæ laceratæ.
Habeant unam casulam novam pro diebus solemniis.....

(2) *Archives départementales du Rhône,* fonds du chapitre métropolitain, arm. Esdras, vol. 46, 47, 48.

8

Cornillon étaient nombreux et graves ; mais un mot ajouté en forme de conclusion au procès-verbal que nous avons cité, nous apprend qu'ils protestèrent contre l'amende dont ils étaient frappés et qu'à la suite d'un accord intervenu entre le délégué ecclésiastique et les consuls et habitants dudit lieu, ils payèrent seulement trente sols (1).

C'est également à cette époque que l'église de Cornillon fut complètement modifiée.

Vers 1450 elle était en tel état que « le clocher manquait et que le couvert estait gasté et ruÿné ». Aussi voyons-nous en 1452 le seigneur et les habitants de Cornillon faire des sacrifices volontaires pour la remettre en bon état. Les modifications qu'ils y apportèrent en changèrent complètement l'aspect primitif, car d'une église romane ils firent un monument romano-gothique. Le portail roman et le clocher qui, suivant la coutume du XIIe siècle, devaient se trouver entre l'abside et la nef furent détruits ainsi que la plus grande partie du vaisseau. On éleva ensuite du côté de l'évangile la tour qui sert encore aujourd'hui de clocher, et du côté de l'épître, Jean de Laire, alors seigneur de Cornillon, fit construire une petite chapelle gothique dans laquelle il fit creuser un caveau qui devait servir de tombeau aux membres de sa famille. Ce caveau existe toujours dans l'ancienne chapelle construite par les de Laire ; on y voit aussi la pierre tombale de Marie de Brionne, femme de Jean de Laire, qui mourut sur ces entrefaites en 1470. Quant au portail, il fut remplacé, aux frais du seigneur, par le joli portail gothique flamboyant qui orne encore aujourd'hui la façade de l'église de Cornillon.

Le curé de Cornillon était alors « honneste et discrète

---

(1) « ... *Concordaverunt ad triginta solidos tur...* »
« *Papirus visitationis ecclesiarum parrochialium... diœcesis Lugduni, incepta per me B. Bellievre juniorem, clericum notarium curiæ officialitatis Lugduni, juratum secretarium, R. R. nostri, in hac parte deputatum per... B. Bellievre seniorem... secretarium et greffarium curiæ officialitatis Lugduni... »*

personne messire Jean Priadieu ». Il est inscrit dans un terrier
de la baronnie de Cornillon signé Rona, notaire, comme tenant

PORTAIL DE L'ÉGLISE DE CORNILLON
(Milieu du xve siècle)

en emphythéote de noble Jean de Laire, seigneur dudit Cornillon,
une maison, étable et jardin, le tout contigu et situé audit lieu (1).

---

(1) *Terrier de la baronnie de Cornillon reçu Rona notaire.* Selon M. Javelle
(*le Royal monastère de Chazeau*), il aurait eu pour successeur Laurent Podicie,
curé de Cornillon en 1488. Un acte que nous avons sous les yeux nous
permet de rétablir le nom de ce curé qui se nommait Laurent Pelicier.

VII

Cornillon étant le siège d'un mandement assez étendu abritait dans ses murs un certain nombre de familles bourgeoises. Nous trouvons notamment établie à Cornillon la famille Rona, dont plusieurs membres furent successivement notaires de la Baronnie. A la fin du XVᵉ siècle un Rona renouvelait les terriers de la seigneurie au nom et pour le compte de Jean de Laire. En 1489 Jehan Rona assistait comme témoin à un accord intervenu entre Jean de Laire, baron de Cornillon et sa fille Gabrielle, abbesse de Chazeau. Ce même acte cite parmi les amiables compositeurs et notables habitants de Cornillon François Neyret, licencié en droit, juge de Forez au mandement de Cornillon, Jehan Puyas, licencié es lois, Denis Paulat, Claude Beynod, Pierre Vendesson, Pierre Fabre, André Chattard et Simon Grandjean.

En 1531 Jehan Rona était nommé notaire de la cour de Forez à Cornillon, au lieu et place d'Agnat Dubat de Firminy. Jehan Rona avait été reconnu : « idoine et suffisant pour obtenir et exercer l'office de notaire au comté de Forez et ressort d'iceluy », par un acte de 1522 signé Guillaume Goutes, clerc de la chambre des comptes de Montbrison.

Mais la plus influente des familles établies à cette époque à Cornillon, était sans contredit celle du capitaine-châtelain. En effet, son autorité s'était accrue de celle du seigneur lorsque Suzanne de Laire eut porté la baronnie de Cornillon dans la maison de Lévis-Ventadour. Ces derniers seigneurs ne firent que de rares apparitions à Cornillon, faisant résidence ordinaire à Paris ou à la Voulte, où se trouvait le tombeau de la maison de Lévis. Nous savons même que plusieurs d'entre eux ne vinrent jamais à Cornillon, prenant possession de la dite terre par procureur.

On comprend dès lors la situation exceptionnelle du capitaine-châtelain qui, entouré de ses hommes d'armes, habitait le château de ses maîtres, dont il exerçait les droits et usurpait fréquemment l'autorité (1).

Après les de Berchoux qui, nous l'avons vu, furent pendant près de deux siècles capitaines-châtelains de Cornillon, les derniers seigneurs de la famille de Laire jetèrent les yeux sur les membres de la maison d'Aboin.

En 1499, Gabriel d'Aboin exerçait l'office de capitaine-châtelain de Cornillon. C'était un homme de guerre estimé de son temps, « étant cornette de la compagnie d'ordonnance de M. de Ventadour ». Malgré sa bravoure il est à croire qu'il devait sa situation moins à ses qualités guerrières, qu'à son union avec Michelette de Laire, fille donnée de noble Pierre de Laire, baron de Cornillon. La généalogie de la famille de Laire ne présentant aucun seigneur de ce nom autre que Pierre de Laire, chevalier de Saint-Jean de Jérusalem, il est probable que Michelette était sa fille illégitime, donnée, comme on disait alors.

En 1535, Jean d'Aboin, fils du précédent, exerçait les fonctions de capitaine-châtelain de Cornillon. Dans un titre de 1536 il est qualifié gendarme de la compagnie de Monsieur de Ventadour. Il avait épousé, en 1529, Marthe de Boulieu. Nous savons que Jean d'Aboin abandonna le poste qui lui était confié sur le bruit des mauvais traitements que le baron des Adrets faisait subir aux chefs des bandes catholiques.

Son fils, Georges d'Aboin, épousa le 19 janvier 1560 Marthe de Cordes, fille unique de noble Denis de Cordes, seigneur dudit lieu, près Firminy; cette union donna naissance à la maison noble d'Aboin de Cordes qui s'est perpétuée jusqu'à la Révolution française. Jean d'Aboin fut remplacé dans l'office de capitaine-châtelain de Cornillon par Guillaume de La Tour, seigneur du petit fief de la Tour sur la paroisse d'Aurec. Sa

(1) *Inventaire des archives du château de Cornillon au XVIIᵉ siècle.*

réputation militaire avait été établie par la bravoure qu'il avait
montrée en maintes circonstances pendant les expéditions con-
duites en Italie par le roi François Ier. Sa connaissance des
choses de la guerre lui avait acquis une certaine réputation
parmi les capitaines de son temps.

LE CHATEAU ET L'ÉGLISE DE CORNILLON AU XVI° SIÈCLE

En 1560, Mandelot, gouverneur du Lyonnais, Forez, Baujo-
lais, qui le considérait comme le meilleur défenseur de la cause
de la Sainte Union dans le haut Forez, lui écrivait « d'introduire
dans la place de Cornillon dix hommes d'armes et soixante
archers... et d'avoir l'œil à ce que les ennemis de la Ligue ne
puissent y pénétrer... »

Jean de La Tour succéda à Guillaume son père. Il était capitaine-châtelain de Cornillon à une époque particulièrement
difficile, car il fut plusieurs fois assiégé dans son château de
Cornillon et prit part à de nombreux combats entre les troupes

royalistes et les soldats de la Sainte Union pour laquelle il commandait le régiment de Dizinieu. Ce fut lui qui présida à la réfection des murailles du château de Cornillon. Cette reconstruction avait été décidée à la suite d'une transaction passée le 28e jour de may 1585, entre haut et puissant seigneur Gilbert de Lévis, duc de Ventadour, baron de Cornillon, disant... « que les manants et habitants du mandement et juridiction du dict Cornillon estaient tenus et obligés, tant en général qu'en particulier, à valablement entretenir et maintenir l'édifice du château de Cornillon, ensemble les tours, courtinages et remparts du dict chasteau. Les dictes parties ont transigé, pacifié et accordé comme s'ensuit. Les dicts manants et habitants ne seront plus tenus à aucunes réparations, ni entretenement du dict chasteau, cours, portes, tours, courtinages et ceintures estant autour et dépendant du dict chasteau, et ce moyennant le prix et somme de 60 escus d'or pour les réparations à présent nécessaires, que les dicts habitants ont promis payer audict seigneur duc, et oultre ce, payer annuellement la somme de 6 escus d'or pour les réparations annuelles. Et en cas que ledict chasteau vienne en ruines par moyen de guerre, tempeste, feu ou aultre moyen, les dicts habitants ne seront tenus de payer les 6 escus jusqu'à ce que le chasteau soit par le dict seigneur remis en estat suffisant pour y habiter ou retirer les personnes et les biens des dicts habitants... »

Philibert de la Tour, fils de Jean, lui succéda dans sa charge. On sait que tout jeune encore, il reçut de Villeroy, gouverneur du Lyonnais, une lettre lui recommandant de maintenir Cornillon sous l'autorité royale. Philibert de La Tour fut le dernier des capitaines-châtelains ayant exercé le métier des armes. Ses successeurs furent moins des hommes d'armes que des officiers de justice.

VIII

Pendant les temps troublés que nous venons de traverser (1) d'importantes modifications s'étaient introduites dans la vie religieuse des paroissiens de Cornillon. Profitant des troubles suscités par les guerres de religion et désireux de fuir le bruit des hommes d'armes qui remplissaient cette place forte, vers 1560 le curé de Cornillon était allé s'établir près de l'ancien prieuré de Saint-Paul-en-Cornillon, dans un climat heureux, sur les bords de la Loire.

Le dernier curé qui résida à Cornillon, messire Dufresne, était mort peu de temps auparavant, car il est encore inscrit dans un terrier de 1550 « comme ayant reconnu une ancienne maison, étable et jardin contigu, sis au bourg de Cornillon, au profit de messire Gilbert de Lévis, comte de Ventadour, et d'illustre personne damoiselle Suzanne de Laire, sa femme, dame haute-justicière dudit Cornillon (2) ».

Le 25 may 1551 et le 27 may 1555, ce même curé recevait des legs en faveur de son église paroissiale de Cornillon. Son successeur alla s'établir à Saint-Paul, dans les bâtiments de l'ancien prieuré bénédictin, et dès lors fit alternativement le service dans les deux églises qui lui étaient confiées. Toutefois, cette modification ne paraît pas s'être faite sans les protestations des habitants, car pendant plus d'un siècle les divers curés qui se

---

(1) Le 16 mars 1521 un paroissien de Cornillon avait laissé par testament une fondation de 3 lampes pour le luminaire de l'église des bienheureux Antoine et Marcel de Cornillon.

Dans les années précédentes le luminaire de l'église de Cornillon avait reçu plusieurs legs et donations, notamment en 1537, 1539, 1551, 1555. Brochure de 1832.

(2) *Terrier de la baronnie de Cornillon, reçu Rigaud, notaire.*

succédèrent à Saint-Paul mentionnent dans les actes adminis-
tratifs leur double titre de curé de Saint-Paul et de Cornillon.

L'église paroissiale de Cornillon reçut le 14 juillet 1614 la
visite pastorale de Monseigneur de Marquemont, archevêque de
Lyon. Le procès-verbal de cette visite nous donne de minutieux
détails sur ce monument.

Cornillon, le 14 juillet 1614.

Nous sommes allez visiter l'église perrochialle de Saint-Antoyne
et Saint-Marcel de Cornillon, mère église dudit Saint-Paul (de Cornillon). Ledit messire Guillomel, curé, nous est venu au-devant
avec la croix, chantant l'hymne du Saint-Esprit, etc. Nous avons
visité le Saint-Sacrement de l'autel estant dans un ciboire d'arquemie (1), doré dedans, tenu dans un pavillon suspendu. Nous l'avons
adoré et encensé, faisant chanter les deux derniers versetz de *Pange
lingua gloriosi*, et après baillé la bénédiction au peuple.

Du costé de vent il y a une chappelle et un autel. Ladicte chappelle
est du seigneur de Cornillon qui est le seigneur duc de Vantadour.
Il y a une messe fondée par sepmaine que dict ledict curé. Le seigneur
de Vantadour luy baille quinze livres pour icelle. Ladicte chappelle
est toute en ruyne, la voûte et la muraille preste à tomber, les vitres
ostées et sans aucuns ornementz, ny image. L'autel est soubz le vocable de sainte Catherine, sans fondation ny service.

Du costé de bize il y a semblablement un autel et une chappelle.
L'autel est soubz le vocable de saint Esloy, et ladicte chappelle de
N.-Dame, toutes deux sans fondation, ny service. Le clocher est
basty sur ladicte chappelle qui est toute descarronnée, les vitres
un peu rompues.

Il n'y a point de luminier, ny de revenu à la luminaire que les
offrandes.

Les fondz baptismaux ne ferment à clef. Il n'y a point de cimetière.
Les habitants ont faict faire un tabernacle de boys qu'ilz veulent
faire peindre et fermer à clef.

Les vitres du sanctuaire et de la nef sont rompues, le reste est
assés bien, ayant esté ledict sanctuaire reblanchy despuis peu.

Nous avons confirmé les personnes qui se sont présentées, et

(1) On appelait « *arquemie* » un alliage d'or et d'argent avec d'autres
métaux précieux.

ordonné audict curé de rapporter ses provisions et lettres d'ordre par devant nous dans la quinzaine.

Il y a un autel sur la turbine (petite tribune) de ladicte église soubz le vocable de la Croix, sans fondation, revenu, ny service.

Le curé a exhibé ses provisions et lettres d'ordre.

Le successeur de messire Guillomel fut messire Pierre Ravel qui est inscrit à la date du 26 janvier 1619, dans un terrier signé Savoys comme possédant une maison, étable et jardin, au bourg de Cornillon. Il fut remplacé vers 1650 par messire Vital Varaniel qui reçut en 1655 une donation faite par Jean de Fay, seigneur de Cornillon, en faveur de l'église dudit lieu. Cet acte est intéressant parce qu'il nous fait connaître un seigneur de Cornillon ignoré par plusieurs chroniqueurs.

Par devant le notaire royal au bailliage de Forez, soubsigné, s'est estably en personne Jean de Fay, escuyer, seigneur baron de Cournillon, Pollin et autres lieux, estant à présent dans son chasteau audict Cournillon, lequel de son gré et volonté a donné, comme par ses présentes il donne par donation pure, simple, irrévocable, faicte entre vifs, dès à présent et à toujours valable, à l'esglize dudict Cournillon qui est dans l'enceinte dudict chasteau, François Bayon dudict Cournillon, marguillier de ladicte esglize, présent et acceptant, assavoir, dudict seigneur, toute l'huyle qui lui appartient à cause de sa rente dudict Cournillon qui est deubt par les emphytéotes d'icelle..., laquelle huyle le dict seigneur baron veult et entend estre bruslée dans la lampe qui est devant le Très-Saint-Sacrement qui repose dans l'autel de ladicte esglize, sans que jamais elle puisse estre divertye.

Faict dans le chasteau de Cournillon, après-midi, le 23ᵉ jour du mois de may 1655.

Trois ans après, le 20 mars 1658, l'église de Cornillon reçut la visite pastorale de Monseigneur Camille de Neufville, archevêque de Lyon, dont le procès-verbal suit.

Visite pastorale de Monseigneur Camille de Neuville à Cornillon, le 20° de mars 1658.

La paroisse dud. lieu contient deux églises séparées. L'une dite de Saint-Marcel sise dans la cour du château dud. Cornillon. L'autre dite de Saint-Paul qui est distante de celle de Saint-Marcel d'environ deux mousquetades. Elle est sise en une plaine près le bord de la rivière de Loire. Autour de l'une et de l'autre sont des villages quasi de pareille grandeur et la différence qu'il y a entre les deux est que dans celle de Saint-Marcel, qui est dans la cour dud. château, il n'y a ni fonts baptismaux ni cimetière, le curé y apportant les eaux de l'église de Saint-Paul pour baptiser et la plupart des paroissiens étant enterrés dans la nef d'icelle.

Nous avons trouvé dans lad. église dud. Saint-Marcel, un tabernacle de bois peint sur le Maître-Autel d'icelle et dans led. tabernacle un ciboire d'estain où repose le Saint-Sacrement tenu avec décence, ensemble une boiste d'argent pour porter le viatique aux malades et une autre de cuivre ensemble un soleil aussi de cuivre.

Plus un calice d'argent, quatre chasubles des quatre couleurs, une vieille chappe.

Dans icelle église est établie la confrérie du Saint-Rosaire bien servie et du Saint-Sacrement de mesme.

Le luminaire est entretenu de l'huile que donnent les seigneurs du lieu et d'aumônes et d'offrandes.

Il y a dans la nef de lad. église cinq chapelles ou autels sans fondations ni dotations et n'y a autre chose pour les services que la somme de 30 livres, que led. seigneur de Cornillon paye annuellement au sieur curé dud. lieu pour y célébrer deux messes par semaine. Le curé dit n'avoir que 150 livres de revenu.

Il y a aux deux églises de lad. paroisse environ cinq cents communiants.

Le chœur de lad. église de Saint-Marcel est voûté, la nef lambrissée en bon état (1).

IX

Nous avons parlé de la maladrerie ou petit hôpital Saint-Antoine qui existait autrefois sur le territoire de Cornillon;

(1) Il nous reste de cette époque (1659) le curieux *livre de raison* d'un praticien de Cornillon nommé Brunet. Les événements intéressant sa famille y sont soigneusement consignés. Lorsqu'il relate la naissance de ses enfants, il fait suivre cette indication par ce vœu d'une touchante simplicité... « Dieu lui fasse la grâce d'être homme de bien !... Dieu lui fasse la grâce d'être fille d'honneur ! »

nous avons dit également que son vocable fut transporté à l'église paroissiale. Cependant le refuge ou hospice n'avait pas complètement disparu et au dix-septième siècle il servait encore à abriter les voyageurs qui se rendaient du Forez en Velay et plus souvent peut-être les vagabonds, chemineaux et miséreux qui fourmillaient dans nos campagnes, au temps de la Fronde et sous la minorité de Louis XIV. On voit, en effet, dans un pouillé de 1647 que la maladrerie ou léproserie de Cornillon existait toujours à cette époque. Un titre un peu antérieur nous apprend qu'en 1621 on y faisait aux indigents du mandement des distributions d'aumônes en argent et en nature.

C'est au milieu du XVIIᵉ siècle que la physionomie de Cornillon se modifia tout à fait. Le château, abandonné par les seigneurs, tombait en ruine; les fortifications de la place, rendue intenable par les différents sièges soutenus pendant les guerres de la Ligue, avaient été restaurées si légèrement qu'en certains endroits les amas de pierres permettaient seuls d'en reconstituer la trace. Enfin, avec les seigneurs, avaient disparu les anciennes familles bourgeoises du pays, celles des capitaines chatelains, procureurs, avocats, percepteurs, commis aux tailles, qui presque toutes étaient allées s'établir à Firminy devenu beaucoup plus considérable que Cornillon. Seulement, à certains jours, ils reprenaient le chemin du lieu d'origine de leurs familles, et venaient remplir les fonctions de leurs charges, lever les cens et impôts dus aux seigneurs, rendre la justice dans une grande salle du château alors ouverte à tous les vents et percevoir les tailles royales et les dîmes ecclésiastiques.

L'état du mandement n'avait pas moins changé. Les anciens fiefs situés sur le territoire de Cornillon avaient été aliénés ou vendus et les vieilles familles seigneuriales qui les habitaient étaient éteintes ou dispersées. Les moutiers ou couvents assez nombreux au moyen âge avaient été successivement désertés, le prieuré de Saint-Paul près Cornillon avait été réuni au prieuré de Firminy, qui, veuf lui-même de ses moines, venait d'être donné au grand séminaire de Saint-Irénée. L'abbaye royale de Chazeau elle-même, qui, du reste, n'avait jamais connu des jours bien prospères, avait été abandonnée de ses religieuses qui avaient préféré le séjour de la colline de Fourvière à Lyon, à l'humide vallée de Gampille.

On le voit, les seigneurs avaient emporté avec eux la prospérité du pays et l'animation des jours anciens avait fait place au silence. Aussi un document du temps débute-t-il par ces paroles mélancoliques... « Cornillon était autrefois plus considérable qu'aujourd'hui... »

L'état lamentable dans lequel se trouvaient les habitants des campagnes vers la fin du XVIIe siècle, s'accentua encore dans les premières années du XVIIIe. La détresse occasionnée par la cherté des vivres, les intempéries des saisons, les mauvaises récoltes, les épidémies et la guerre, était encore aggravée par les nombreux passages de troupes, « les soldats pillant et maraudant sans que les paysans puissent faire entendre la moindre plainte, ne sachant à qui l'adresser ». Aussi un intendant de la généralité de Lyon, disait-il, dans un mémoire portant la date de 1698, que le passage des troupes était plus ruineux, pour le pays, que la famine et la peste (1).

Il est juste cependant d'ajouter que les nouveaux seigneurs de Cornillon ne restèrent pas indifférents à la misère publique. A trois reprises différentes ils remirent aux habitants de leur mandement « partie des cens et droits féodaux » en nature qui leur étaient dus. Ils firent plus encore, puisque nous trouvons parmi les documents du temps plusieurs « distributions d'aumônes aux pauvres des paroisses de Cornillon et de Saint-Just-les-Velay (2) ». Enfin nous savons que, par testament,

---

(1) *Mémoire de l'intendant d'Herbigny.*

(2) Distributions d'aumônes faites aux habitants des hameaux de *La Roche* et *du Pinay*, par M. le baron de Feugerolles et de Cornillon. — *Bibl. de la ville de Saint-Étienne. Forez, titres divers*, tome IV, n° 113.

deux seigneurs du nom de Jacquet ordonnèrent que tout le blé qui se trouvait dans les greniers du château de Cornillon serait distribué aux indigents de leurs terres (1).

X

Un acte du 18 may 1686 nous a laissé une description de l'église de Cornillon qui était alors assez délabrée. Voici cette description :

La porte de l'église paroissiale est pierre de taille à l'antique, les ventoirs en menuserie bois pin sont soubztenus par deux grosses esparres fermant avec un verroul. La dite chapelle a cinquante trois pieds de long y compris le chœur et vingt-sept pieds de large, la nef est séparée du chœur par une balustrade bois de chêne aussy à l'antique et dans icelle il y a deux portes fermant avec une serrure à chacune d'icelles. Dans le chœur, il y a une ancienne chapelle séparée par une ancienne balustrade bois chêne et une aultre chapelle sans aucune bordure. Le couvert de la nef est soutenu par six arcs doubleaux et dans l'estendue dudict chœur, lambrissé, le surplus soubztenu par des courbes et chevrons, le tout en assez mauvais état. Le clocher au-dessus du chœur peut servir en l'estat qu'il est à l'exception toutefois du couvert qui est construit à la française, auquel il manque plusieurs thuyles plattes et quelques planches pour ledit couvert (2).

Un édit du roi de 1695 (3) ayant enjoint aux habitants des paroisses de fournir un logement convenable aux curés, les habitants de la paroisse de Cornillon, au nombre de plus de 50, parmi lesquels figurent 23 propriétaires, habitants du village

---

(1) *Testaments de Jean Jacquet et de Jean-Jacques Jacquet. Doc. cités dans la première partie.*

(2) *Rapport des experts, nommés d'office par le sieur Mazenod, conseiller en la sénéchaussée de Saint-Etienne, pour visiter les château, bâtiments, fonds et dépendances de la terre de Cornillon. 18 may 1686.*

(3) *Edits Royaux de 1695,* article 13.

de Saint-Paul et des hameaux qui forment aujourd'hui la commune de Çaloire, pour se conformer à cet édit et à l'ordonnance de Monseigneur l'archevêque de Lyon, du 2 septembre 1717, constituèrent, à la date du 13 mars 1718, une rente de quinze livres, en faveur de M. J.-J. Jacquier, seigneur de Cornillon, pour la remise qu'il leur fit d'une maison et dépendance tout proche de l'église de Cornillon, pour servir de résidence à M. Pierre Mivière, curé, et à ses successeurs.

Le seigneur avait acheté cette maison, le 23 août 1694, de Nicolle Chapellan (1). Comme on le voit, le seigneur et les habitants de Cornillon faisaient de louables efforts pour obtenir que les curés qui, depuis 150 ans, habitaient à Saint-Paul établissent de nouveau leur résidence auprès de l'ancienne église de Cornillon. Leurs démarches parurent d'abord aboutir et c'est dans cette espérance qu'ils firent restaurer la maison curiale dont ils venaient de faire l'acquisition et invitèrent le sieur Mivière à venir l'habiter. Mais celui-ci opposa successivement plusieurs raisons pour rester à Saint-Paul. Enfin, ayant été mis en demeure de s'exécuter par les habitants de Cornillon, le 27 juillet 1723, il s'empressa de reconnaître que le nouveau presbytère était en bon état et habitable. Les habitants crurent qu'après cette déclaration le sieur Mivière allait céder à leurs instances ; dans cet espoir ils firent réparer leur église et de plus, par son testament du 28 juin 1724, Jacques Jacquier, baron de Cornillon, « laissait aux fabriciens et marguilliers dudit lieu la somme de 500 livres pour être employée à faire un rétable au grand autel de la dite église, dont le dessin et prix fait seraient faits par le sieur curé de Cornillon, les sieurs curés de Firminy et de Chambles et les marguilliers dudit Cornillon, payable à celui qui aura le prix fait à mesure de l'ouvrage qu'il

---

(1) L'acte d'acquisition du presbytère de Cornillon... « situé entre l'église paroissiale de Cornillon et la porte appelée *des Chars* », fut passé le 13 mars 1718, devant la porte de l'église. — *Acte reçu Delaroa, notaire royal.*

fera ». Le rétable fut exécuté et orne encore aujourd'hui le chœur de l'église paroissiale de Cornillon.

Cependant le sieur Mivière ne vint pas s'installer dans le presbytère voisin de l'église paroissiale ; il est probable qu'il fit de nouvelles réponses dilatoires et notamment qu'il opposa le manque de cimetière au bourg de Cornillon. Les habitants, après entente avec la dame de Riverie, firent choix d'un terrain placé au-devant et près de l'église et en sollicitèrent l'érection en cimetière. Ce terrain faisant partie du domaine direct de la baronne de Cornillon, les marguilliers, fabriciens et notables habitants donnaient en échange un terrain situé dans le voisinage. Cet acte porte la date du 17 octobre 1728. Cependant, dans le désir de satisfaire les habitants de cette partie de sa paroisse, le curé Mivière se pourvut d'un vicaire et fit ainsi desservir à la fois les deux églises paroissiales.

En 1744 Nicolas de Bouiller, vicaire général de l'archevêque de Lyon, délégué pour procéder à la visite pastorale du diocèse, étant à Cornillon, rendit l'ordonnance suivante :

L'an 1744 et le 20 octobre, nous Nicolas de Bouiller, chanoine de l'église, comte de Lyon, vicaire général de son Eminence Monseigneur le cardinal de Tencin, ministre d'Etat, Archevêque de Lyon, faisant notre visite dans l'église paroissiale de Saint-Antoine de Cornillon, avons ordonné :

1° Que le saint ciboire sera doré ; qu'il y sera fourni pareillement, sans délai, une pyxide ou porte-dieu d'argent doré en dedans ;

2° Qu'il sera choisi incessamment une place convenable pour un cimetière et qu'après l'avoir fait clore de manière que les bestiaux n'y puissent pas entrer, on se pourvoira par devant un de MM. les Archiprêtres, pour en faire la visite et le bénir, s'il l'a trouvé dans un état décent ;

3° Que la chapelle sous le vocable de Saint-Antoine sera ornée et mise dans un état décent, et qu'il soit enchâssé dans l'autel une pierre sainte ;

4° Que tous les titres qui sont entre les mains du sieur curé seront communiqués à Mᵐᵉ de Riverie, dame de Cornillon, ou qu'il lui en sera fourni copie ;

5° Que les fonts baptismaux seront fournis d'un bassin, d'une boîte pour les saintes huiles et d'une autre pour le saint-crême, et généralement pourvus de tout ce qui peut être nécessaire ;

6° Qu'il sera fourni incessamment deux missels, l'un Romain, l'autre Lyonnais ;

7° Que les registres des baptêmes, mariages et enterrements seront tenus en l'église paroissiale de Saint-Antoine de Cornillon ;

8° Que les deux bancs qui sont au-dessous de celui du seigneur, vis-à-vis la chaire, seront publics au profit de la fabrique ;

9° Que les 30 livres que paye Mme de Riverie seront mises, chaque année, entre les mains des marguilliers, pour entretenir, selon l'intention du fondateur, l'huile de la lampe, et le surplus, s'il y en a, demeurera au profit de la fabrique ;

10° Que l'ostensoir qui est à Saint-Paul de Cornillon, annexe, sera remis dans l'église de Cornillon.

Donné les jour et an que dessus, à Saint-Antoine de Cornillon.

Signé : De Bouiller, comte de Lyon, vicaire général.

L'arrêté de M. de Bouiller resta lettre morte. En 1748 M. Mivière étant mort, il fut remplacé par M. Sapin. Celui-ci, ayant supprimé le service institué par son prédécesseur, dut établir l'alternat à la suite d'une décision de l'Archevêque datée du 3 janvier 1751. A la fin de cette même année, M. Sapin s'étant retiré, fut remplacé par M. Charret. A la suite de pourparlers qui ne durèrent pas moins de douze ans, entre M. Charret et M. Grimod de Bénéon, baron de Cornillon, les deux parties arrêtèrent ainsi qu'il suit les termes d'un arrangement qui fut conclu et signé le 11 juin 1763.

Conventions entre le seigneur de Cornillon, au nom des paroissiens, et le curé de la paroisse.

1° Que les offices soient rétablis à l'alternative dans les deux églises et les fêtes solennelles à Cornillon, selon les ordonnances de Messeigneurs les Archevêques ;

2° Le baron de Cornillon donne sa maison aux conditions ci-dessus, et de plus on enterrera à Cornillon ceux qui le désireront, et les autres sacrements y seront administrés à ceux qui le demanderont ;

8

3º M. le curé fera bénir le cimetière proposé aussitôt qu'il le pourra ;

4º Le baron de Cornillon propose à M. le curé et à la paroisse, de partager sa terrasse pour faire une place affectée à l'église et une entrée indépendante du château ;

5º M. le curé promettra de remettre l'union entre tout le monde, et, en conséquence, on oubliera tout le passé de part et d'autre ;

6º Chaque marguillier rendra ses comptes toutes les années, et on ne pourra rien emporter d'une église à l'autre sans le consentement des deux fabriques ;

7º M. le curé se charge de faire diminuer la taxe pour la maison curiale de Cornillon.

Fait double, au château de Cornillon, le 11 juin mil sept cent soixante-trois, en présence de Guigonnet, avocat au Parlement et juge de la baronnie dudit Cornillon, et de M. Prudhomme, négociant audit Cornillon.

Signé : Charret, curé, et Riverie.

Quatre ans auparavant, sur la demande de M. Charret, le seigneur et les habitants de Cornillon avaient acheté une nouvelle maison curiale ; l'ancienne avait été aliénée dans les années précédentes, M. Charret ayant déclaré qu'avant tout arrangement il devait être déféré à l'ordonnance rendue en 1744 par M. Nicolas de Bouiller et prescrivant l'achat d'une maison curiale.

Celui-ci avait en effet ordonné « qu'il serait incessamment pourvu, tant par la dame de Cornillon que par les habitants, au logement pour le vicaire afin qu'il puisse habiter dans l'église paroissiale de Saint-Antoine de Cornillon..... »

L'acte d'achat de la nouvelle cure porte la date du 3 février 1759.

Le sieur Grimod de Bénéon, baron de Cornillon, chevalier, capitaine au régiment d'Aquitaine, agissant au nom des habitants de Cornillon, achetait à Jean Bernard, cloutier, demeurant à la Baraque près le pont du Roy sur l'Ondaine, paroisse de Firminy, et à Jeanne Vocanson sa femme « une maison haute, moyenne et basse située en la basse-cour du château de

Cornillon, joignant la maison de François Bayon de matin, le chemin allant au château de midi, le vingtain de bize, et la maison de Claude Bayon de soir, plus un jardin situé audit lieu, contenant demi-carté ou environ, joignant les jardins desdits Bayon de matin et vent, la terre dudit seigneur de soir et bize,... »

Cette vente était consentie moyennant le prix de trois cent cinquante livres, et douze livres d'étrennes que lesdits seigneurs acquéreurs s'engageaient à payer le 20 mars prochain.

« Fait et passé au château de Cornillon, les jour et an susdits, en présence des personnes susnommées et de sieur Antoine Prudhomme, Lacroix Bourgeois du lieu de l'Escôt, paroisse de Firminy et de Jean Bayon, cloutier dudit lieu. »

Signé : Grimod Bénéon, Saint-Just-de-Riverie, Bernond de la Croix, Bayon, Delaroa, notaire royal (1).

La convention passée entre M. Charret et le baron de Riverie rendit un peu de calme et de tranquillité aux deux paroisses de Saint-Paul et de Cornillon. Elle fut au reste rigoureusement observée par tous les curés qui se succédèrent depuis cette époque à Saint-Paul. Toutefois, dit la brochure à laquelle nous empruntons ces détails, le passage qui devait mettre en communication directe le village et l'église, afin d'éviter de traverser la cour intérieure du château, n'était pas encore ouvert, et les formalités pour l'érection du cimetière n'étaient pas encore terminées lorsque éclata la Révolution française.

Un document officiel nous apprend qu'en 1789, à la veille de l'abolition des titres de noblesse et de la suppression des droits féodaux, Cornillon portait encore le titre de seconde baronnie du Forez. Le seigneur était M. le baron de Riverie ; le juge, M. Guigonnet ; le châtelain, M. Rousset ; le procureur fiscal, M. Verdy et le greffier le sieur Bernet. A cette époque ces titres rappelaient seuls l'ancien fief de Cornillon.

---

(1) *Acte d'achat du presbytère de la paroisse de Cornillon, reçu Delaroa, notaire royal. Contrôlé à Saint-Etienne le 17 février 1759.*

XI

Après la Révolution française, le culte fut rétabli à la fois dans les deux églises paroissiales de Saint-Paul et de Cornillon (1).

Toutefois le service religieux se fit assez irrégulièrement dans l'église de Cornillon jusque vers 1827 (2). A cette époque l'autorité diocésaine mit un vicaire à Saint-Paul, afin qu'il pût faire le service chaque dimanche dans l'église de Cornillon. Les choses restèrent en cet état jusqu'en 1858.

Sur les réclamations des habitants, le cardinal de Bonald, alors archevêque de Lyon, leur donna un desservant ; toutefois il ne fut reconnu par l'autorité civile qu'en 1862, comme le relate une inscription gravée dans l'église de Cornillon.

Le premier curé fut M. Liogier (1858-1873). Ses successeurs furent M. Planche (1873-1883), M. Devaux (1883-1888) et M. Degraix, curé actuel.

Nous avons souvent eu l'occasion dans ce travail de signaler les différentes croix situées sur le territoire de la commune de Cornillon. Celle « dite du Poirier » était connue au XIIIᵉ siècle ; les vignes des côtes « situées au-dessous de la croix du poirier »

(1) C'est ce qui nous est affirmé par la déclaration de M. Constant, ainsi conçue : « Je soussigné, certifie que j'ai desservi, comme vicaire, la paroisse de Saint-Paul-en-Cornillon pendant sept ans avant la Révolution de France, et pendant six mois, comme desservant, après le rétablissement du culte catholique, et que pendant tous ces temps j'allais dire la messe et faire le service de la paroisse, les dimanches et fêtes alternativement à l'église de Cornillon, que l'on regardait, comme celle de Saint-Paul, appartenir au service de cette paroisse. Ce 20 novembre 1822, signé Constant, curé de Trelins. »

(2) En 1826, les habitants de Cornillon adressèrent une requête à l'archevêque de Lyon, « lui demandant de contraindre le curé de Saint-Paul à faire dans leur église le service religieux les dimanches et fêtes solennelles, comme il se faisait autrefois... car, ajoutent-ils, depuis la Pâques dernière jusqu'à la Noël aucun service n'a été fait dans leur église... »

sont en effet mentionnées dans le testament de Luce de Beaudiner, qui en laissa la jouissance à son capitaine-châtelain, Armand de la Rochaing. A sa mort, celui-ci, à son tour, donna le droit qu'il avait sur ces vignes à son épouse : « laquelle devait recevoir deux asnées de vin, à prendre sur les vignes de Cornillon, sises au-dessous de la croix du Poirier, jouxte le chemin par où l'on va de Cornillon à Firminy ».

La croix du Poirier telle qu'elle existe actuellement remonte à 1656.

Au col de la Souillère, près du chemin qui conduit de Cornillon à Semène, on voit une croix qui porte la date de 1713 : au-dessous on lit les initiales C. T. M.

La croix de Pochet, placée à l'intersection du chemin qui des bords de la Loire monte à Cornillon, a été érigée récemment.

Au-dessous du bourg, on voit aussi une croix avec la date 1844.

Une croix monumentale a été érigée sur la place publique du bourg en 1833 : sur le socle se trouvent les initiales P. A. D. J. (1).

Le cimetière de Cornillon est situé non loin du bourg, sur le chemin qui mène à la croix du Poirier ; on y a élevé, à la suite d'une mission donnée en 1895, une fort belle croix de pierre. Il renferme la tombe d'un héros des guerres de la République et de l'Empire, le général Boudinhon, qui mourut à Cornillon en 1846. Sur sa pierre tombale on lit :

A la Mémoire

De Jean-Claude-Valdek BOUDINHON

Maréchal de Camp
Commandeur de la Légion d'honneur
Chevalier de Saint-Louis
Né au Puy le 19 Octobre 1771
Mort à Cornillon le 9 Novembre 1846.

---

(1) *Pro amore Dei Jesu ?*

Des inscriptions gravées sur les faces latérales rappellent ses états de service et les batailles auxquelles il assista.

L'église paroissiale ne communiquait pas autrefois directement avec le bourg ; elle était en effet renfermée dans l'enceinte du château, et pour y accéder, il fallait traverser les différentes cours échelonnées de la porte des chars à l'église. Après de longues réclamations des habitants et sur les instances des administrateurs de la commune (1), un arrangement fut conclu avec les propriétaires du château. Moyennant l'abandon du droit de passage, on laissait à la commune une petite cour devant le porche de l'église et elle devait établir à ses frais un accès à cette cour. Pour profiter de cet avantage, il fallut percer un épais mur d'enceinte et enlever plusieurs chariots de terre, dans laquelle on trouva quantité d'ossements humains, qui furent déposés dans le caveau de l'église. Ils provenaient de l'ancien cimetière, situé autour de l'église et dans lequel on avait enterré dans la seconde moitié du XVI⁰ siècle et à la fin du XVIII⁰ (2).

---

(1) Depuis la Révolution française les administrateurs et maires de la commune de Saint-Paul-en-Cornillon furent : en 1783 Claude Porte, curé, membre du Conseil général de la commune et officier public; l'an II, Bayon; l'an III, Garonnaire Jean ; l'an V, Lyonnet; 1797, Bayon Pierre, agent municipal ; 1800, Garonnaire Jean, puis Bayon, enfin Garonnaire (1800-1806) : 1806, Bayon; 1813, Duvant ; 1816, Bayon Armand ; 1821, Garonnaire; 1830, Boudinhon Eugène ; 1835, Piat François ; 1840, Massardier Denis ; 1849, Colombier Pierre ; 1846, Gaillet ; 1848, Colombier, puis Dussauze Antoine ; 1859, Chapelon-Jackson Antoine-Marie ; 1870, Garonnaire Antoine ; 1880, Dussauze Antoine ; Vincent Jean-Louis-Honoré ; 1882, Dussauze Joseph ; 1884, Garonnaire Jean-Marie ; 1888, Garonnaire Antoine.

(2) Population :

1789 (Saint-Paul et Cornillon ensemble), 575 habitants.			
1806	—	—	—	639 —
1816	—	—	—	626 —
1836 (Cornillon),			375 —
1846	—		357 —
1866	—		365 —
1876	—		307 —
1886	—		355 —
1896	—		311 —

XII

L'église de Cornillon trahit, dans sa structure et son aménagement, les trois époques auxquelles elle a été complètement remaniée.

Il reste, de l'époque primitive, l'abside romane bâtie au XII° siècle. Cette abside semi-circulaire, en forme de coquille, est voûtée en cul-de-four et percée dans son axe d'une étroite fenêtre plein cintre. A l'extérieur, elle est entourée d'un cordon qui dessine le cintre de la fenêtre. On remarque à l'intérieur une petite armoire creusée dans l'épaisseur de la muraille et surmontée d'une gracieuse accolade. Cette partie ancienne de l'église, qui sert aujourd'hui de sacristie, est séparée du chœur par une épaisse boiserie.

Le chœur est du XV° siècle, il est voûté en berceau. Il se termine par une belle boiserie du XVIII° siècle en chêne sculpté. Une guirlande de fleurs et de fruits alternés court dans sa plus grande largeur ; elle laisse retomber dans la partie centrale deux pendentifs formés également par des fleurs et des fruits d'un travail délicat, et à l'extrémité, deux autres pendentifs ornés d'arabesques. Le panneau principal de cette boiserie, qui forme le fond de l'église, est occupé par un tableau représentant la Visitation.

On descend du chœur dans la nef, en passant sous un bel arc triomphal d'un dessin très pur. La pierre qui précède la naissance de l'ogive du côté de l'évangile porte un écusson aux armes des de Laire.

La nef est couverte d'un toit lambrissé, soutenu par des encorbellements de pierre, qui remontent au XV° siècle, époque à laquelle l'église fut presque reconstruite grâce aux libéralités des habitants et de Jean de Laire alors baron de Cornillon. La façade de l'église est percée d'un beau portail du XV⁰ siècle, formé par une série de nervures reposant sur une base en légère saillie ; toutes ces nervures, rompues par un cordon de pierre, se réunissent dans la partie supérieure, pour former autant d'arcs ogivaux de l'époque flamboyante. Le fronton est limité par une bande de pierre ornée dans sa partie centrale d'un écusson où le lion des de Laire est encore visible.

Dans sa partie supérieure, la façade est percée d'une rosace sans caractère. A son extrémité gauche, elle est flanquée d'une tourelle de construction grossière, abritant l'escalier qui conduit au clocher.

Entre le grand portail et la cage de l'escalier, on voit encore, à mi-hauteur sur le mur, les restes d'un ancien litre ou listel, sorte de bande peinte dont on entourait l'église en signe de deuil à la mort du seigneur et sur laquelle on avait coutume de peindre ses armoiries et celles des principales familles qui lui étaient alliées.

Le clocher, construit sur le côté gauche de l'eglise, concourait autrefois à la défense de la place. Sa partie supérieure est du XV⁰ siècle, comme le prouvent les fenêtres ogivales qui décorent chacune de ses faces et un acte du temps mentionnant les dépenses faites pour sa construction. L'étage supérieur qui le couronne est en bois de chêne et forme saillie ; il est porté comme un hourd sur des corbeaux aussi en bois. Ce couronnement a été refait depuis quelques années ; il est fâcheux que l'on n'ait pas copié plus servilement la charpente antérieure, surtout pour les bras de force dont on a fait des arcs d'ogive.

On y remarque deux cloches : la plus grosse porte cette inscription qui retrace son histoire :

Ave Maria. — Magnificat anima mea Dominum.
Cette église a été rendue au culte, le 15 août 1862, par l'empereur Napoléon III.
Saint Antoine et saint Marcel, nos patrons, priez pour nous.
Tous les habitants de cette paroisse ont contribué à l'établissement de cette cloche.

1864

ÉGLISE DE CORNILLON

COMMUNE DE SAINT-PAUL-EN-CORNILLON

S. M. Napoléon III, empereur.
Léon Sencier, préfet.
Chapelon Jackson, maire.

Administration religieuse :

M. Liogier Pierre, curé.
Dussauze Antoine, président.
Moinecourt Louis, trésorier.
Garonnaire Jean-Claude, secrétaire.
Colombier Pierre, fabricien.
Chauvin Jean-Baptiste.
Milamand François, hon.

Parrain et Marraine :

M. Moinecourt Louis.
Mᵐᵉ Bayon, née Antoinette Lardon.
M. Dussauze Antoine.
Mᵐᵉ Garonnaire, née Marie-Anne Mallard.

Dans son inscription, la seconde nous indique ses donateurs :
M. Marcelin Colombier, M. Joseph Dussauze, maire ; M. et Mᵐᵉ
Canel Jackson. M. John Chapelon, M. Moinecourt, M. Vincent,
etc. et plus de 5o autres paroissiens.

Cette cloche fut fondue M. Devaux étant curé.

Primitivement le clocher, de style roman, était supporté par
l'arc triomphal et l'arc d'ouverture de l'abside et se trouvait
ainsi au-dessus du chœur. On sait par un document de la fin du
XVIIᵉ siècle que cette disposition était encore visible à cette
époque, bien que le clocher actuel existât déjà.

A l'intérieur, la chapelle située sous le clocher, est consacrée
à la Sainte Vierge. L'autel est surmonté d'un rétable en bois
chargé d'une gloire en bois doré du XVIIIᵉ siècle et terminé par
un groupe de trois anges demi-nature, supportant l'exposition.

Des autels latéraux et symétriques sont adossés au mur dans

lequel s'ouvre l'arc triomphal. Celui du côté de l'épître est consacré à sainte Anne, l'autre, à Saint-Antoine, patron de la paroisse. Ils sont surmontés tous deux de petits rétables en

RÉTABLE DE LA VIERGE
(Eglise de Cornillon)

bois du XVII° siècle, encadrant des tableaux très enfumés, représentant une scène de la vie du saint auquel l'autel est dédié. Les grands panneaux des tombeaux de ces autels sont occupés par des devants en cuir de Cordoue, encadrant dans

un entourage d'ornements, fleurs et fruits, repoussés et peints,
un médaillon représentant le saint patron de l'autel.

Le maître-autel, dont le tombeau a un fort beau devant en
cuir de Cordoue, est surmonté d'un rétable en bois sculpté et
peint, de la fin du XVIIe siècle. Sa partie centrale est formée
par deux tabernacles superposés supportant une niche couronnée d'une gloire en bois doré d'un travail délicat. Le tabernacle principal est orné à ses extrémités, de deux colonnettes
torses gracieusement accouplées. De chaque côté, des niches
creusées dans le rétable, abritent de jolies statuettes en bois
représentant à droite saint Antoine, à gauche saint Marcel.
A l'extrémité des gradins de l'autel, se trouvent des torchères
en bois sculpté.

Au midi du chœur, est une ancienne chapelle seigneuriale
du XVe siècle, convertie aujourd'hui en sacristie. A la clef de
voûte, sont les armes des de Laire. Sous la sacristie, se trouve
le caveau des seigneurs de Cornillon ; on y descend par un
étroit escalier de cinq marches très inégales. A une de ses
extrémités, on voit un monceau d'ossements humains provenant de l'ancien cimetière qui entourait l'église ; et sur un
couvercle de cercueil, se trouve étendu un squelette qu'on dit
être celui de Jean Jacquier, baron de Cornillon, mort vers 1740.
Ce caveau est recouvert d'une belle dalle funéraire gravée au
trait et représentant Jean II de Laire et Marie de Brionne sa
femme, morte en 1470. Dans le mur extérieur, est creusée une
petite excavation surmontée d'une gracieuse accolade.

Dans les sacristies, on remarque une pyxide à couvercle
conique du XIIIe siècle, avec guirlande de feuille or, sur fond
d'émail cloisonné bleu (1) ; une cassette en bois du XVe siècle,

---

(1) Cette pyxide, fort remarquée à l'exposition rétrospective de Roanne en
1890, est une pièce rare : « la boîte cylindrique et son couvercle conique
surmonté d'une croix, sont ornés de rinceaux réservés sur champ d'émail
bleu. C'est une pièce champlevée de Limoges. » — *Inventaire des principaux
objets de l'exposition rétrospective de Roanne*, par E. JEANNEZ.

recouverte d'ornements en relief moulés, représentant des animaux fantastiques peints rouge et or ; un Christ couronné et un lutrin monumental, en bois sculpté de la même époque. Contre la muraille, est déposée une porte d'armoire de la fin du XVe siècle également en bois sculpté ; elle est ornée d'un écusson aux armes des de Laire et garnie de jolies ferrures. Le trésor de l'église est enrichi d'une croix processionnelle en argent repoussé, du XVIe siècle, en forme d'arbre rond et branché, dont les extrémités sont coupées en biseau. L'arbre a 0.05 de diamètre. Le Christ à 4 clous et bras levés est relativement moderne. On reconnaît les places de soudures des bras horizontaux de celui qu'il a remplacé. Au revers du Christ se trouve une figure en ronde bosse au repoussé de saint Antoine, patron de la paroisse. Il porte sur

CROIX PROCESSIONNELLE DE CORNILLON

l'épaule le signe du tau et a un porc à ses pieds. Le saint est posé sur une petite pyramide renversée, à cinq pans, avec frise chargée de l'inscription : Sants Anthoni. Le nœud se compose de deux demi-sphères à godrons droits.

Cette croix est frappée de deux poinçons ; sur l'un on lit le mot Lyon en caractères gothiques sous un petit dauphin, sur l'autre est une F majuscule, gothique, surmontée d'un croissant.

ENCADREMENT EN BOIS SCULPTÉ
(Armoire aux reliques de l'église de Cornillon)

Le même trésor renferme aussi des chandeliers et des reliquaires en argent du XVII° siècle. Ces derniers sont renfermés dans une petite excavation, creusée dans l'épaisseur du mur, et fermée par un fort grillage de fer. Cette curieuse « armoire aux reliques », est placée dans la partie du mur qui se trouve entre la chapelle de la Vierge et le petit autel latéral dédié à saint Antoine. On l'a récemment entourée d'une fort belle ornementation en bois sculpté, de gothique flamboyant, exécutée d'après les dessins de M. Boulin, architecte.

Parmi les ornements de l'église, on remarque une chasuble du XVIe siècle, ayant la croix et le parement antérieur brodés au point plat.

Un grand nombre de promeneurs visitent chaque année le château de Cornillon ; mais bien peu d'entre eux gravissent les marches de pierres disjointes qui conduisent à l'église. Cependant, mieux encore qu'au château, ils seraient intéressés par les restes des âges passés ; car l'église dans sa construction et son aménagement permet de reconstituer assez parfaitement la vie religieuse de nos ancêtres et de faire revivre devant nous les petits et les humbles qui sont venus s'agenouiller sur ces dalles, sous lesquelles reposent côte à côte, dans l'égalité de la poussière et de la mort, les grands seigneurs et les manants de l'antique paroisse de Cornillon.

Le Prieuré, la Paroisse et le Village
de Saint-Paul-en-Cornillon.

I

Comme beaucoup de villages foréziens, le village de Saint-Paul-
en-Cornillon doit son origine à un petit moutier bénédictin (1).
Ce fut au XIe siècle que les seigneurs de Cornillon, de la maison
de Lavieu, donnèrent à l'abbaye de l'Ile-Barbe une langue de
terre que la Loire enserrait comme une presqu'île. Il est probable
qu'à cette époque reculée il y avait déjà à Saint-Paul un grou-
pement d'habitations ; cependant aucun document n'en fait
mention.

Les religieux bénédictins de l'Ile-Barbe envoyèrent dans leur
nouvelle acquisition deux ou trois d'entre eux, afin d'établir un
service religieux, de faire cultiver les terres, assez fertiles, que
la Loire avait rejetées sur sa rive droite, et de lever les dîmes
et les rentes que les seigneurs de Cornillon leur avaient aban-
données.

Sous l'influence bénédictine, les terres encore incultes des
coteaux du Fayn et des bords de la Loire furent défrichées, et
la culture prit rapidement assez d'extension pour nécessiter un
plus grand nombre de colons.

---

(1) Un certain nombre de nos paroisses de campagne doivent leur origine
à ces petits prieurés ruraux. Nous trouvons notamment dans les environs
de Saint-Étienne les prieurés de Tartaras, Saint-Romain-en-Jarez, Firminy,
Saint-Christô et Saint-Julien-en-Jarez, qui donnèrent naissance à des
paroisses.

Dès leur arrivée à Saint-Paul, les religieux bénédictins firent construire, au centre de la petite agglomération qui y était établie, une modeste chapelle qu'ils placèrent sous le vocable de Sainte-Marie-Magdeleine. Cette préférence ne doit pas nous étonner, alors que les bénédictins avaient un culte tout spécial pour cette sainte et que dans l'abbaye de l'Ile-Barbe, chef de leur ordre, se trouvait une chapelle placée sous le vocable de Sainte-Marie-Magdeleine, à laquelle on accourait avec empressement et dont plusieurs documents anciens nous vantent la beauté et la richesse (1).

A cette époque lointaine deux religieux seulement habitaient le prieuré de Saint-Paul ; ils avaient avec eux plusieurs frères servants chargés du temporel du prieuré, de surveiller les cultures et la perception des redevances. Celles-ci du reste ne devaient pas être très considérables, si l'on en juge par le petit nombre de religieux établis à Saint-Paul et par l'extrême pauvreté du prieuré. Cependant elles devaient suffire à l'entretien des moines et au payement des redevances dues à l'abbaye, lesquelles s'élevaient à quatre livres tournois, auxquelles s'ajoutaient des redevances en nature.

Dans la suite, aux XII° et XIII° siècles, les seigneurs de Cornillon, successeurs des fondateurs, établirent en faveur des religieux de Saint-Paul plusieurs fondations pieuses qui permirent d'en doubler le nombre (2). Ce monastère devait être alors assez important, car il est mentionné dans une charte comme dépendant directement de l'abbaye de l'Ile-Barbe.

Il y eut même, à cette époque, des prieurs particuliers en résidence à Saint-Paul. L'un d'eux fut à la fois témoin et caution dans l'amplification de la charte des franchises, accordée

---

(1) Le culte de sainte Magdeleine était fort ancien à l'abbaye de l'Ile-Barbe, car, au XI° siècle, la fête de cette sainte y était célébrée solennellement.

(2) On peut voir dans la première partie de cet ouvrage les dons faits au prieuré de Saint-Paul par noble dame Luce de Beaudiner, dame de Cornillon. — *Testament de Luce de Beaudiner.*

en 1243, par Aymard de Beaudiner, aux habitants de Cornillon
et de Saint-Paul.

Cet acte solennel fut revêtu deux fois du sceau du prieur de
Saint-Paul ; la première pour le prieur lui-même et la seconde
pour messire Germain Blanc, chevalier, « lequel dut emprunter
le sceau du prieur n'en ayant pas lui-même... » (1).

Les seigneurs de Cornillon s'étaient réservé les droits de
justice haute, moyenne et basse sur les terres données aux
religieux de l'Ile-Barbe ; ils exerçaient donc cet acte de suzeraineté sur les habitants de Saint-Paul, mais non sur les Bénédictins, les religieux étant exempts de la juridiction civile. Outre
ce droit féodal, ils s'en étaient réservé plusieurs autres, qui
maintenaient cette partie de la baronnie sous leur haute juridiction.

Bien que le service religieux fût exercé à Saint-Paul par les
moines du prieuré, l'église conventuelle était pourtant le centre
d'une véritable paroisse (2). Nous en trouvons la preuve dans
une convention passée en 1325, entre noble dame Luce de Beaudiner, baronne de Cornillon et le comte de Forez, seigneur de
Saint-Bonnet-le-Château. Dans cet acte, dressé pour fixer les
limites des deux seigneuries, du côté de Saint-Maurice-en-
Gourgois, nous relevons les noms des différents hameaux formant la commune actuelle de Caloire. Or, il est dit expressément
que ces hameaux dépendent de la paroisse de Saint-Paul-en-
Cornillon « ainsi que six maisons ou hospices de la ville de
Lyaon, qui sont de la même paroisse ». A en juger par cet acte,
les limites de la paroisse de Saint-Paul seraient peu différentes
de celles qu'elle a actuellement, puisqu'elle englobe dans son
périmètre la commune de Caloire tout entière. Elle était même

---

(1) *Amplification de la charte de Cornillon par Aymard, fils de Guillaume de
Beaudiner, du mois de juin 1243.*

(2) On sait que les églises ou chapelles conventuelles ne pouvaient servir
ordinairement d'église paroissiale, car elles échappaient à l'autorité diocésaine, les religieux étant exempts de la juridiction ordinaire.

9

autrefois plus étendue, puisque le hameau de Lyaon (actuellement Gland) dépend aujourd'hui de la paroisse de Saint-Maurice-
en-Gourgois.

Cependant les religieux desserviteurs de la paroisse de Saint-
Paul ne portaient pas le titre de curé, mais seulement celui de
chapelain. Nous en verrons plusieurs exemples dans les documents que nous aurons occasion de citer.

Lorsqu'en 1240, Guillaume de Beaudiner octroya une charte
de franchises et privilèges aux habitants de Cornillon, il étendit
sa concession aux habitants de Saint-Paul. Ce fait porterait à
croire que les maisons des serfs dépendant du prieuré étaient
enfermées dans une enceinte fortifiée ; car nous savons qu'en
1243, Aymard de Beaudiner fit enfermer dans les murailles de
Cornillon dix feux (maisons), auxquels il voulait étendre les
bienfaits de la charte. Cette coutume tomba ensuite en désué-
tude, car nous verrons un seigneur de Cornillon accorder les
avantages de la charte à un habitant de Saint-Paul, qui tenait
un moulin sur la Loire, lequel certainement ne se trouvait pas
dans l'enceinte des murailles.

Vers la première moitié du XIVe siècle, le prieur de Saint-Paul-
en-Cornillon se nommait Guigue de Roussillon. Il était considéré
parmi les religieux influents de l'abbaye de l'Ile-Barbe, car il
fut chargé, vers 1309, d'établir une répartition plus égale des
revenus de l'abbaye, entre les membres chargés des offices
exigeant des dépenses considérables. Il est cité également comme témoin et caution, dans l'amplification faite par Luce de
Beaudiner de la charte des franchises et privilèges accordés
aux habitants de Cornillon et de Saint-Paul, ainsi que dans
une rectification de limites passée entre la dame de Cornillon
et Jocerand de Lavieu, seigneur de Feugerolles.

Le successeur de Guigue de Roussillon fut Etienne de Curnieu
ou de la Curne.

Plusieurs actes du milieu du XIVe siècle font mention de ce
prieur et notamment le testament de messire Hugues Durgel,

passé en 1356, dans lequel il est cité comme témoin (1). Nous le trouvons également mentionné dans une concession de franchises et privilèges accordée, en 1359, par le seigneur de Cornillon à un habitant de Saint-Paul et dans de nombreux actes de foi et hommage jurés par les vassaux de Cornillon à leur seigneur.

II

Les religieux de Saint-Paul vivaient dans une solitude complète et les bruits du monde ne pouvaient parvenir jusqu'à eux. Leur moutier, en effet, presque entièrement entouré par la Loire et fermé par de hautes montagnes, se trouvait alors en dehors des voies de communication. Les routes, qui relient aujourd'hui Saint-Paul avec Aurec et Firminy, n'existaient pas et un fort mauvais chemin les mettait seul en communication avec le château de Cornillon. Cet isolement et le travail auquel ils s'adonnaient, leur avaient fait une certaine réputation de sainteté et il n'était dans les environs serf ou manant, bourgeois ou grand seigneur, qui ne désirât avoir son tombeau dans le cimetière ou dans le cloître du prieuré de Saint-Paul. Les actes du temps nous permettent de constater que si les seigneurs de Cornillon avaient leur sépulture dans l'église du château, leurs vassaux, chevaliers ou damoiseaux, préféraient reposer à l'ombre de la chapelle que les religieux bénédictins avaient élevée en l'honneur de sainte Marie-Magdeleine.

Le prieuré de Saint-Paul renfermait notamment le tombeau des seigneurs de la Rochain, qui exercèrent pendant plusieurs générations la charge de capitaines-châtelains de Cornillon.

---

(1) Nous trouvons aussi parmi les témoins du même testament, Ponce de Curnieu, qualifié de damoiseau. — *Testament de messire Hugues Durgel, chevalier, du mois d'octobre 1356.* — Archives départementales II, p. 126.

Dans la première moitié du XIV⁰ siècle, il reçut le corps d'Hercule de la Rochain et, en 1342, celui de son fils Armand de la Rochain. Celui-ci, par son testament — « dans lequel il demandait à être enterré dans le tombeau de son père Hercule, dans le cloître du prieuré de Saint-Paul-en-Cornillon » — faisait des legs généreux au chapelain du prieuré de Saint-Paul et au luminaire de cette église. Dans les années suivantes ce même luminaire fut enrichi par des donations faites, en 1391, par Jean Sadabard, dit Bardilhon, du lieu de Fontclause (1); en 1395, par Etienne del Bat, paroissien de Firminy (2), et en 1399, par Simon Monier de Cornillon (3).

Des donations nombreuses qui furent faites à cette époque au luminaire de l'église de Saint-Paul-en-Cornillon, il semble ressortir que le droit de sépulture dans le cimetière du prieuré était fort recherché et que le culte de sainte Magdeleine était dès lors très florissant.

III

Le territoire de Saint-Paul dépendait en totalité de la baronnie de Cornillon ; toutefois plusieurs familles nobles, établies dans le voisinage, y étaient possessionnées. Elles rendaient hommage à leur suzerain pour les maisons et terres qu'elles possédaient à Saint-Paul. Nous trouvons parmi elles les seigneurs de la Rochain, de Villeneuve et de Montouroux.

En 1359, Guillaume Bastet de Crussol, baron de Cornillon,

(1) *Testament de Jean Sadabard, du lieu de Fontclause, du 31 juillet 1391.* — Archives départementales, II, p. 179.

(2) *Testament d'Etienne del Bat, de Firminy, du 20 août 1395.* — Archives départementales, II, p. 219.

(3) *Testament de Simon Monier, de Cornillon, de juin 1399.* — Archives départementales, II, p. 215.

accorda à Jean Renouard, habitant de Saint-Paul-en-Cornillon, le droit de jouir des franchises et privilèges autrefois accordés par ses ancêtres aux habitants de Cornillon et de Saint-Paul. Désireux de jouir des avantages de ses concitoyens, Jean Renouard, qui avait quitté le lieu du Pinet à Saint-Maurice-en-Gourgois, pour s'établir à Saint-Paul, adressa une demande en forme à son seigneur et maître. Celui-ci délégua son châtelain pour faire l'enquête nécessaire, après laquelle les deux parties dressèrent l'acte donnant permission à Jean Renouard de jouir des mêmes privilèges que les autres habitants de Saint-Paul (1). L'acte de concession, dressé par le notaire royal de la baronnie, fut ensuite homologué par la Cour de Forez. Cette approbation, revêtue de la signature de Pierre du Vernet, professeur es lois et grand juge de Forez, est intéressante parce qu'elle nous apprend comment et dans quelles conditions se fit, dans la suite, le développement progressif des franchises communales.

Nous Pierre du Vernet, professeur es-lois, juge à la Cour de Forez, savoir faisons, à tous ceux qui ces présentes verront, que l'an de N. S. 1359, et le 21 octobre, en présence de Vital du Vernet, clerc de la Cour de Forez, du notaire juré de la baronnie de Cornillon et des témoins ci-après, est comparu personnellement maître Pierre Brun, notaire royal et capitaine châtelain du château de Cornillon, lequel, de son bon gré et non induit par force, dol ou crainte, et au nom de son dit seigneur de Cornillon, a concédé à Jean Renouard, du Pinet, habitant de Saint-Paul proche Cornillon, présent et acceptant, ainsi qu'à ses héritiers et successeurs, perpétuellement et à jamais, le pouvoir, autorité et licence de jouir et user librement des mêmes libertés et franchises, tant locales que personnelles, dont jouissent les autres hommes et sujets des villes de Cornillon et de Saint-Paul. Led. Jean et ses successeurs pourront jouir desd. franchises et libertés de leur autorité privée, sans être obligés d'en demander licence et permission à qui que ce soit. Le châtelain, au nom de

---

(1) *Concession donnée par le châtelain de Cornillon au nom du seigneur dud. lieu, à Jean Renouard du Pinet, pour jouir des mêmes franchises et privilèges que les autres habitants de Saint-Paul-en-Cornillon, du 21 octobre 1359.*

son dit seigneur, s'engage à ne rien demander aud. Jean ou à ses successeurs, autre chose que ce qui est stipulé dans les présentes.

Pour lad. permission et concession, led. Jean a promis et s'est obligé et a juré sur les saints évangiles, de payer et reconnaître tous les ans perpétuellement au seigneur de Cornillon et à ses héritiers et successeurs, un dément de froment et un dément d'avoine, à la mesure de Cornillon, neuf deniers forts de Lyon, une poule et trois journées de bœufs ou de ses autres animaux.

Plus, de faire et donner prestation au seigneur de Cornillon et aux siens, tout comme les autres hommes et sujets des villes de Cornillon et de Saint-Paul, qui jouissent des franchises, ont coutume de le faire en raison de ce privilège.

Led. Jean s'est obligé par stipulation solennelle et personnelle, pour lui et les siens, à servir led. seigneur de Cornillon et à porter en son château les redevances et prestations ci-dessus désignées.

. . . .

En témoignage de toute et chacune des choses ci-dessus écrites, nous, juge, à la requête et prière desd. châtelain et Jean, avons fait apposer à ces présentes le sceau de la Cour de Forez.

IV

Au commencement du XV⁰ siècle, le prieur de Saint-Paul se nommait Jean Rostain. Ce prieur, issu d'une illustre famille forézienne, — il était frère d'Hugues de Rostain, seigneur de la Roche près de Sury, — avait été élevé dans l'abbaye de l'Ile-Barbe. Plus tard, devenu religieux de cette même abbaye, il y exerça des fonctions importantes avant d'être nommé prieur de Saint-Paul-en-Cornillon, qui dépendait alors directement de l'Ile-Barbe (1). Ce fut probablement sous l'administration de ce religieux, que le luminaire de Sainte-Marie-Magdeleine reçut les donations de Barthélemy Guilhard, de Saint-Ferréol et de

---

(1) *Les Mazures de l'abbaye royale de l'Ile-Barbe*, par Claude Le Laboureur, II, p. 256.

Barthélemy Sauzet, de la paroisse d'Aurec (1). Ces deux donations, passées en 1415 et en 1416, contiennent aussi une générosité en faveur de la chapelle de Saint Sigismond d'Oriol, qui était alors un lieu de pèlerinage fréquenté (2).

La longue période de l'histoire connue sous le nom de guerre de Cent ans fut particulièrement funeste aux maisons religieuses du Forez. Nous avons raconté ailleurs les incursions faites par les bandes anglo-gasconnes dans les terres voisines de la baronnie de Cornillon et comment Guillaume de Laire, par sa bravoure et ses nombreuses expéditions, sut éviter à Cornillon les horreurs d'un siège. Toutefois, l'efficacité de sa protection ne s'étendit pas jusqu'aux maisons religieuses fondées par ses ancêtres. En effet, par suite des guerres, le prieuré de Firminy se trouvait alors dans un état lamentable au point de vue temporel : ses bâtiments menaçaient ruine et demandaient d'importantes et immédiates réparations ; or, l'état financier de la maison ne permettait guère de les faire, plusieurs domaines censiers ayant été aliénés et la rentrée des dîmes soulevant d'innombrables difficultés. Plus pauvre encore était le petit moutier voisin de Saint-Paul-en-Cornillon, « dont le revenu annuel, évalué à 30 livres tournois environ, ne pouvait pas même fournir le vivre et le vêtement convenables à l'unique religieux qui, après le pillage du prieuré par les Anglais, était resté chargé du service divin » (3). Pillage ou incendie, on ne

---

(1) Signalons aussi la donation faite au luminaire de Sainte-Magdeleine, de Saint-Paul, le 21 septembre 1401, par Pierre Pécoil du Curtil, dans le ressort du Forez. — Archives départementales, II, p. 220.

(2) *Testament de Barthélemy Guilhard et de Barthélemy Sauzet (1415-1416)*. — Archives départementales, II, p. 261 et 238.

(3) Nous trouvons l'exposé précis de la situation du prieuré de Saint-Paul, dans les considérants de *l'acte d'union* « Attendentes prioratum de Firminiaco... in suis ædificiis minare ruinam et magna indigere reparatione.... qui tam propter guerrarum modernis temporibus vigentium incursus quâm étiam mortalitatem pestis... est adeo in suis redditibus et proventibus diminutus quod vix Prior, qui nunc est, onera dicti Prioratiis adimplere possit... Informatique quod tam per impiarum guerrarum quâm aliorum

sait guère, en vérité, à quelle cause attribuer une ruine si prompte et si complète ; les documents la constatent et semblent insinuer des causes multiples : « les guerres et les incursions, la peste et les maladies », disent-ils, ont ruiné cette maison conventuelle. C'est pourquoi les religieux de l'Ile-Barbe conçurent le dessein de réunir le prieuré de Saint-Paul à celui de Firminy, en ne laissant subsister que cette dernière maison religieuse. D'ailleurs les familles nobles du pays qui, avec les seigneurs de Cornillon, avaient contribué à fonder et à doter le prieuré, étaient alors éteintes et le droit de sépulture dans le cloître de Saint-Paul, autrefois si ambitionné, n'excitait plus aucun désir. Au surplus, le moine qui, après le passage des Anglais, était retourné dans le prieuré, n'avait trouvé que des ruines et des ruines si considérables, que, trois ans après, il logeait encore dans des décombres. Aussi, Aymard de Cordon, alors abbé de l'Ile-Barbe, décida-t-il que le prieuré de Saint-Paul serait réuni à celui de Firminy.

L'acte d'union porte la date du 27 juin 1432. On ne sait si la fusion de ces deux maisons fut réellement opérée ; en tous cas, Claude de Sotizon, successeur d'Aymard, donna une nouvelle autorisation « pour procéder à l'union des deux prieurés », le 16 juin 1436. Cette fois encore l'acte d'union ne fut pas exécuté; car, sur ces entrefaites, Jean de Genay, prieur de Saint-Paul-en-Cornillon, étant venu à mourir, l'abbé de l'Ile-Barbe crut prudent, à cause de l'état où se trouvait alors l'église, de réserver la question que faisait naître la mort du prieur et de la soumettre au concile de Bâle.

C'est pourquoi, au nom de l'Assemblée synodale, dont il était membre en vertu d'une Commission spéciale, qui lui fut donnée

multiplicium ruinarum, in prioratu sancti Pauli de Cornillione non sit sustentatio unde possit pro præsenti unus religiosus in victu et vestitu de juribus ipsius Prioris commode sustentari et ibidem in divinis deservire..., quia ejus fructus triginta librarum Turonensium, secundum communem existimationem valorem annuum non excedunt. »

à cet effet, Amédée de Talaru, archevêque de Lyon, porta la question devant le concile qui lui donna l'autorisation de prononcer l'annexion et l'incorporation du prieuré de Saint-Paul à celui de Firminy : ce qu'il fit par ordonnance du 4 mai 1439. Voici la substance de cette pièce intéressante pour l'histoire de notre modeste moutier :

Amédée de Talaru, par la miséricorde divine, archevêque, comte de Lyon et primat des Gaules, commis pour les affaires ci-dessous désignées et spécialement délégué par le saint concile général de Bâle, réuni légitimement dans l'Esprit-Saint et représentant l'Eglise universelle, à tous et à chacun de ceux qui ces présentes verront, salut dans le Seigneur.

Faisons savoir que nous avons reçu de vénérable et religieux frère de *Borco*, prieur du prieuré de Firminy, de l'ordre de Saint-Benoît, de notre diocèse de Lyon, principalement nommé dans la pièce, — de sa part, lequel nous a exhibée et présentée avec le respect convenable, — une Commission relative à la supplique, qui avait été soumise à quatre Congrégations du saint concile et mise en délibération régulière par trois de ces quatre Congrégations, puis comprise avec la délibération de ces trois mêmes Congrégations et définitivement tranchée dans l'assemblée générale du même saint concile.

La supplique, transcrite mot par mot, est ainsi conçue :

Révérendissimes Pères,

Quoique depuis longtemps Aymard d'heureuse mémoire, alors abbé et le chapitre du monastère de l'Ile-Barbe, de l'ordre de Saint-Benoît, du diocèse de Lyon, considérant que le prieuré de Firminy, de l'ordre et du diocèse précités et dépendant du même (monastère de l'Ile Barbe) menaçait ruine et avait besoin d'une grande réparation pour laquelle réparation et l'acquit des pensions que son prieur a coutume de payer au même monastère (de l'Ile-Barbe) et des autres charges qui lui incombent, il ne pouvait suffire, avec ses revenus qui n'excèdent pas deux cents livres parisis, selon l'estimation commune, et voulant y pourvoir à propos, eussent, sur l'instance du dévot fils de l'Eglise Jean de Borco, prieur dudit prieuré, et en vertu de leur autorité ordinaire, uni, annexé et incorporé le prieuré de Saint-Paul-de-Cornillon, de l'ordre et du diocèse précités et dépendant du même monastère qui se trouvait, à cette époque, vacant par l'abandon ou la retraite de Jean de Genay, son prieur, et quoique Claude de Sotizon, abbé actuel dudit monastère (de l'Ile-Barbe) constatant que l'union des deux prieurés avait été faite ainsi pour des motifs raisonnables, l'eut, dans la suite, louée et approuvée comme agréable et définitive.

Et quoique, plus tard, ledit Jean de Genay, prieur dudit prieuré de Saint-Paul ainsi uni, eut fini ses jours *sur son territoire, mais hors de son enceinte,* cependant, quelques personnes hésitent à croire que l'union des deux prieurés et son approbation, sous l'influence de diverses causes, aient conservé toute leur force. Eu égard à l'importance de la chose, ledit Jean de Borco, prieur de Firminy, supplie les Révérendissimes Pères de tenir l'état et les biens de ce monastère pour suffisamment exposés, de considérer son union comme définitive et agréable, de la confirmer par l'autorité du saint concile en suppléant, pour complète sûreté, à tous ses défauts et de daigner, si c'est nécessaire, unir, annexer et incorporer de nouveau, au prieuré de Firminy, ledit prieuré de Saint-Paul, dont les revenus annuels n'excèdent pas, selon l'estimation commune, la valeur de cent trente livres tournois parisis, soit qu'il soit vacant par l'abandon ou la retraite du susdit dernier possesseur, soit autrement ou de toute autre manière et par le fait de toute autre personne, quand bien même il en existerait une autre généralement ou spécialement réservée en vertu des règles du siège apostolique, de telle sorte qu'il soit permis à ce même prieur de Firminy de se saisir, en vertu de son autorité propre, du réel et du corporel de ce prieuré uni et d'user des revenus desdits prieurés sans avoir besoin de requérir la permission de l'Ordinaire du lieu ou de tout autre, et nonobstant tous droits antérieurs, constitutions apostoliques et dispositions quelconques contraires.

Le 23e jour de mars, l'an 1439, les seigneurs délégués de la Congrégation « *pro Communibus,* » ont approuvé la précédente supplique et ont confié à l'Ordinaire du lieu ou à son vicaire, le soin de confirmer et d'approuver comme il le jugera bon, sous l'autorité du saint concile et de pourvoir à ce que le soin des âmes, s'il en est dans le prieuré, ne soit point négligé et que le prieur lui-même ne soit point frustré de ses redevances.

Le mardi 21 avril 1439, les seigneurs délégués de la Congrégation « *Pacis* » ont approuvé,

CHEMELOT, HELPSEIN.

Le samedi 25 avril, les seigneurs délégués de la Congrégation « *Reformatorii* » ont approuvé,

P. DE TURNONE.

Le mardi 28 avril, la sacrée Congrégation « *fidei inquisita* » n'a pas délibéré,

DIEULEFIST.

Au sujet de la supplique transcrite plus haut, les trois sacrées Congrégations sont d'accord pour confier à l'Ordinaire le soin d'approuver et confirmer cette union.

Douze seigneurs délégués sont donc tombés d'accord.

Vendredi 1ᵉʳ mai 1439.

(Le samedi second jour dudit mois, lecture en a été faite en Congrégation générale.) (1)

Indépendamment de l'état du prieuré de Saint-Paul, dont pas un bâtiment n'était alors habitable, l'acte que nous venons de citer nous fait faire de singulières réflexions sur l'état de l'Eglise à cette époque. Que penser, en effet, de cet ancien religieux de l'Ile-Barbe, devenu prieur de Saint-Paul, dont on ignore la résidence et dont l'existence même est contestée par les autres religieux ses frères et ses contemporains ? Vainement ses supérieurs ont fait appel à son désintéressement, vainement le prieur de Firminy est venu le relancer jusque dans sa retraite ; on ne sait où il réside, on ne sait même pas s'il existe !

Pour comble de malheur, les actes des Souverains Pontifes, qui se succèdent avec rapidité sur le siège de Saint-Pierre, sont mis en suspicion et annulés. Et certes, avec raison, car, à qui entendre ? Trois papes gouvernent l'Eglise, tous trois semblent avoir été élus par des Assemblées légitimement convoquées et réunies ; tous trois ont pour eux des personnages

<hr>

(1) *Acte d'union du prieuré de Saint-Paul-en-Cornillon au prieuré de Firminy.* — Nous devons la communication de cette pièce à l'obligeance de M. Pauly, directeur au Grand Séminaire de Lyon.

influents et chacun d'eux peut compter des saints au nombre de ceux qui soutiennent la légitimité de son élection. Dans cet état lamentable, l'Eglise n'est pas abandonnée de Celui qui lui a promis l'immortalité. Un concile général se réunit à Bâle ; il compte parmi ses membres les personnages les plus influents par la sainteté, la science et l'autorité. Après avoir invoqué l'assistance du Saint-Esprit et déclaré qu'ils agissaient en son nom et pour le bien de l'Eglise, le concile force les Souverains Pontifes à abdiquer ou il les dépose, en déclarant nuls tous les actes faits et passés par eux, pendant cette période d'anarchie. Puis, comme il ne suffisait pas de détruire le mal mais qu'il fallait aussi reconstituer la société religieuse, les Pères, de leur propre autorité, nomment des Commissions chargées de reviser les décisions prises et d'examiner les actes annulés. Ce travail fait, les conclusions des Commissions, lues à haute voix en assemblée générale, étaient acceptées ou rejetées à la pluralité des voix. Lorsque ce travail eut été accompli, le concile nomma pape Martin V, qui fut reconnu à l'unanimité ; puis il se sépara, laissant au nouvel élu le soin de présider aux destinées de l'Eglise et de renouer la chaîne des successeurs de Saint-Pierre, menacée un instant d'interruption.

V

L'union du prieuré de Saint-Paul au prieuré de Firminy s'était accomplie sous l'administration de Jean de Borc. Ce prieur s'était même donné beaucoup de mal pour arriver à ce résultat. Ce n'était pourtant pas une bien riche acquisition que le prieuré de Firminy avait faite. En effet, ce n'est pas sans peine que les religieux retirent des terres stériles de leur nouveau domaine de maigres redevances, qui souvent leur sont disputées par les

seigneurs de Cornillon. C'est en vain que lorsqu'ils font renouveler leurs terriers (1478-1489), ils prennent soin de déclarer que
depuis l'annexion du prieuré de Saint-Paul-en-Cornillon, les
habitants sont soumis à la justice et à la censive du prieur,
auquel ils doivent de plus des charrois et des prestations. Dans
la pratique, ils n'obtiennent ni l'un ni l'autre des habitants qu'un
maigre terroir suffit à peine à nourrir et presque toujours les
seigneurs de Cornillon leur disputent efficacement les droits de
justice. Du reste, la ruine du prieuré avait amené chez les habitants une extrême misère : c'est du moins ce qui semble ressortir d'un document dans lequel il est dit que le village de Saint-
Paul se compose de 16 feux, qui doivent 40 livres tournois au
prieur. Comme on le voit, en moins de cinquante ans les revenus
du prieuré, de 130 livres qu'ils donnaient en 1430, étaient tombés
en 1487 à 40 livres.

Le 9 mai 1469 l'église de Saint-Paul-en-Cornillon reçut la visite
de messire Barthélemy Bellièvre, secrétaire général de Monseigneur l'archevêque de Lyon, spécialement délégué pour visiter
les églises paroissiales de son diocèse. Le procès-verbal de
cette visite fut dressé par Barthélemy Bellièvre, le jeune, qui
accompagnait son frère en qualité de greffier. La visite faite, le
délégué archiépiscopal ordonna aux habitants de réparer les
murs du cimetière, de refaire le couronnement de la toiture de
l'église, d'acquérir un coffret en cuivre pour tenir convenablement les reliques et de continuer la restauration de l'église.

Le luminier était alors Antoine Granson ; il fut condamné par
le visiteur ainsi que les habitants à payer dans le courant de
la présente année cent sols tournois. Mais les habitants ayant
fait valoir leur pauvreté, l'amende fut réduite à un écu.

Barthélemy Bellièvre procéda ensuite à la visite du Prieuré,
mais comme il trouva toutes choses en bon état, il ne rendit
aucune ordonnance.

L'acte nous apprend que Frère Lyonet Morand, alors prieur
de Firminy, avait joint à son titre celui de prieur de Saint-Paul,

ce qui semble nous indiquer que le service religieux était encore fait à cette époque par les bénédictins du prieuré de Firminy (1).

Malgré l'ordonnance de messire Bellièvre, la restauration de l'église ne dut pas être faite alors d'une façon bien complète; car nous savons que 60 ans plus tard elle fut presque entièrement reconstruite. L'abside fut restaurée, mais le portail fut reconstruit en entier. Il était surmonté d'une niche entourée d'un encadrement gothique que son peu d'élévation fait paraître un peu lourde. Cette niche, qui sert aujourd'hui de rétable à l'autel de la Sainte-Vierge, abritait une statue de la mère de Dieu. Au-dessus, un ange aux ailes éployées soutenait un écusson aux armes des seigneurs de Cornillon, bienfaiteurs de l'église. Sur la pierre qui supporte cet édicule on lit cette inscription :

L'an MVXXV

Œdificata, Francisco primo regnante, honorifice

L'an 1525, sous le règne de François Ier, cette chapelle a été construite.

A la fin du XVe siècle le prieuré de Firminy tomba en commende : avec lui fut aussi sécularisé le petit prieuré de Saint-Paul-en-Cornillon (2). Au reste, il ne subsistait plus de l'ancienne maison religieuse de Saint-Paul qu'une pauvre habitation dans laquelle les moines de Firminy ou leurs délégués venaient à certains jours percevoir les dîmes et lever les cens qui leur étaient dus. Le terrier du prieuré renouvelé au XVe siècle, nous apprend qu'à cette époque la coutume était établie depuis longtemps de payer la dîme à la onzième gerbe.

---

(1) *Visites pastorales de 1468.* — Nous devons cette pièce à l'obligeance de M. P. Richard.

(2) *Notes historiques sur le Séminaire Saint-Irénée.*

VI

Les guerres de religion et de la Ligue furent, comme nous l'avons expliqué, particulièrement funestes au mandement de Cornillon, dont le château soutint plusieurs sièges et fut à deux reprises emporté d'assaut. C'est à la faveur de ces temps troublés que le curé de Cornillon quitta la maison qu'il habitait à l'ombre de la vieille forteresse féodale, pour venir s'établir à Saint-Paul. Bien des raisons militaient en faveur de cette modification : le bruit des hommes d'armes qui, pendant 3o ans, tinrent garnison à Cornillon ; les dangers que lui faisaient courir les péripéties de la lutte dont les deux partis étaient successivement vainqueurs ; l'éloignement des seigneurs qui avaient complètement abandonné le château aux mains des hommes d'armes ; enfin le consentement probable du prieur de Firminy. Celui-ci, en effet, nominateur à la cure de Cornillon, se vit dans ces jours troublés obligé de renoncer à faire remplir les fonctions paroissiales par un de ses religieux et dut confier ce soin au curé de Cornillon, lequel ne tarda pas à préférer le climat plus doux et le séjour plus tranquille de Saint-Paul aux vexations et au bruit de la place forte des ligueurs. Quelle que soit la raison déterminante qui décida le curé de Cornillon à s'installer à Saint-Paul, nous l'y trouvons établi dès la seconde moitié du XVIᵉ siècle.

En 1614 l'église de Saint-Paul-en-Cornillon reçut la visite pastorale de Monseigneur de Marquemont, archevêque de Lyon, dont le procès-verbal suit :

Ayantz disné audict Saint-Maurice-en-Gorgois, nous avons prins congé du sieur chastellain de Saint-Bonnet-le-Chastel et des bourgeois et habitantz qui nous ont faict compagnie avec le curé dudict Saint-Bonnet et sommes allez visiter l'église parrochialle de Saint-

Paul-soubz-Cornillon, de laquelle est curé messire Nicolas Guillomel, presbtre, qui nous est venu au-devant avec la Croix que nous avons baisé. Et a ledict curé commencé à chanter l'hymne du Saint-Esprit. A l'entrée de ladicte église nous avons prins de l'eau béneiste et nous sommes prosternez à genoux devant le grand autel où nous avons faict noz prières, veu et visité le Saint-Sacrement de l'autel estant dans un ciboire d'arquemie (1), doré dedans, tenu dans un tabernacle de bois peinct, fermant à clef, eslevé proprement sur le milieu du grand autel. Nous l'avons adoré et encensé, faisant chanter les deux derniers versetz de *Pange lingua gloriosi* et après baillé la bénédiction au peuple.

Nous avons confirmé les personnes qui se sont présentées. Il y a deux centz communiantz en ladicte église Saint-Paul et en celle de Cornillon, sçavoir cent cinquante en l'église parrochialle Saint-Antoyne et Saint-Marcel-de-Cornillon et cinquante audict Saint-Paul.

Ladicte église de Cornillon est mère église de celle dudict Saint-Paul. Le prieur de Firmigny est présentateur desdictes églises, prenant toutes les diesmes, et baille audict curé trois émines bled, seigle et froment, sçavoir le tiers froment et les deux tiers seigle. Et n'a ledict curé autre revenu qu'un petit terrier fort invétéré vallant de cinq à six livres par an, et deux petites terres contenantz quattre bichetz de semaille. Ledict curé n'a aussy aucune maison ny audict Saint-Paul, ny audict Cornillon.

Ledict curé dict toutes les dimenches la messe parrochialle audict Saint-Paul et les festes solennelles audict Cornillon.

Du costé de vent il y a ung chappelle soubz le vocable de Saint-Jean-Baptiste, sans fondation, revenu, ny service. Elle est fort ruynée, la vitre osté, la voûte déplastrée. Elle appartient aux héritiers Rovat.

Il n'y a point de luminier ny revenu à la luminaire.

Ladicte église est fort petite et en assés bon estat.

Les fondz baptismaux ferment à clef.

Le cimetière est cloz ; servant celluy dudict Saint-Paul pour la parroisse dudict Cornillon où il n'y en a point.

L'entrée de ladicte église est descarronnée dedans.

Après avoir confirmé nous avons prié pour les âmes des trespassez (2).

---

(1) On appelait alors *arquemie* un alliage d'or et d'argent avec des métaux moins précieux.

(2) *Visite pastorale de Monseigneur de Marquemont à l'église paroissiale de aint-Paul-en-Cornillon, le 14 juillet 1614.* — Archives du Rhône.

Le successeur de messire Guillaumel fut messire Pierre Ravel ; il est cité dans une reconnaissance du terrier de Cornillon signée Savoys, à la date du 26 janvier 1619 (1).

Messire Varaigne était curé de Saint-Paul lorsque cette église reçut, le 20 mars 1658, la visite pastorale de Monseigneur Camille de Neuville dont le procès-verbal nous donne d'intéressants détails :

L'église dud. lieu est dédiée sous le vocable de Saint-Paul, sur le grand autel de laquelle est un tabernacle de bois doré et dans icelluy une custode d'argent où repose le Saint-Sacrement tenu avec décence et une boîte de cuivre doré pour porter le saint viatique aux malades.

Plus un soleil d'argent et un calice de mesme.

Les saintes huiles en un coffret d'estain bien proprement tenues comme aussi les fonts baptismaux.

Plus est dans lad. église une armoire bien fermant, où sont tenues des reliques avec vénération. Il y a 4 chasubles et une chappe. Le luminaire est entretenu d'aumosnes. Le sieur prieur de Firminy est nominateur de la cure. Le corps de l'église et le cimetière en bon estal. Y avons trouvé messire Varaigne, curé ; ses provisions sont du 8 janvier 1647. Ses lettres et baptistères sont en bon état (2).

Moins de dix ans après, en 1666, le prieuré de Firminy dont Saint-Paul dépendait fut réuni au grand séminaire de Lyon, récemment confié aux prêtres de Saint-Sulpice par Monseigneur Camille de Neuville. C'est ainsi que les supérieurs du grand séminaire de Lyon devinrent prieurs de Firminy, et, à ce titre, nominateurs à la cure de Saint-Paul-en-Cornillon.

Le frère de messire Varaigne lui succéda comme curé de Saint-Paul. Il fut lui-même remplacé par messire Jean Favériat, auquel M. Balthazar Maillard, supérieur du grand séminaire, donna un ciboire en argent. La même année 1688, la portion

(1) Cartulaire de la baronnie de Cornillon.
(2) *Visite pastorale de Monseigneur Camille de Neuville à l'église de Saint-Paul-en-Cornillon, le 20 mars 1658*. — Archives départementales du Rhône.

congrue du curé de Saint-Paul fut portée à 300 livres, qui devaient lui être versées par les soins du fermier du prieuré de Firminy.

Nous n'avons pas ici à retracer les démarches faites pendant le courant du XVIII° siècle par les habitants de Cornillon pour obtenir que le curé retournât habiter auprès du château; nous en avons suffisamment parlé dans la première partie de notre travail, il nous suffira donc ici de donner la liste des curés qui résidèrent à Saint-Paul et de dire un mot de leur église.

Au commencement du XVIII° siècle le curé était messire Mivière dont les successeurs furent MM. Sapin (1748-1751) et Charret.

Dans une visite pastorale faite à l'église de Saint-Paul-en-Cornillon le 20 octobre 1744, par messire Nicolas du Bouillet, vicaire général de son Eminence le cardinal de Tencin, nous trouvons les renseignements suivants :

1° Après nous être transportés dans ladite église et avoir visité les vases sacrés, que nous avons trouvés en un très bon état ; avons examiné les linges destinés au service divin, ainsi que les ornements, fonts baptismaux, livres, cimetière, confessionnaux, murs de l'église, chapelles, sacristie, avons trouvé le tout en si mauvais état et à un point d'indécence si marqué, que nous n'avons pu nous dispenser d'interdire lad. annexe, jusqu'à ce que nous ayons été informés par nos archiprêtres, qu'elle eut été mise dans un état convenable et fournie généralement de tout ce qui est nécessaire pour le service divin ;

2° Attendu que l'ostensoir qui est dans ladite annexe, ainsi que la cuvette des fonts baptismaux, appartient à l'église paroissiale de Saint-Antoine-de-Cornillon, ordonnons qu'il soit incessamment transféré ;

3° Qu'il sera incessamment pourvu, tant par la dame de Cornillon que par les habitants, au logement pour le vicaire afin qu'il puisse habiter dans l'église paroissiale de Saint-Antoine-de-Cornillon, si mieux n'aime ladite dame abandonner au sieur vicaire la maison qu'elle avait vendue ci-devant aux habitants, pour servir de logement aux sieurs curé et vicaire, sauf à ladicte dame à en gratifier les habitants, si elle le trouve à propos, ou d'en tirer le loyer.

Donné les jour et an que dessus, à Saint-Paul-de-Cornillon, annexe.

Signé : Du Bouillet (1).

Pendant la dernière période du XVIII° siècle, afin de satis-faire les habitants de Cornillon qui demandaient que le service paroissial fût fait régulièrement dans leur église, l'administra-tion diocésaine nomma un vicaire à Saint-Paul. Cette mesure mit fin aux réclamations et chaque dimanche les deux églises eurent la messe paroissiale (2).

VII

Après la Révolution, lorsque le service religieux fut réorga-nisé dans les paroisses rurales, on donna pour curé à Saint-Paul, M. Constant, qui avant la Révolution avait exercé dans cette localité les fonctions de vicaire (3). Il ne fit que passer et fut remplacé par M. Calemard. Celui-ci ayant fait l'acquisition d'une maison voisine de l'église pour en faire le presbytère, la vendit le 30 août 1810 à plusieurs habitants de Saint-Paul qui, dans la suite, la louèrent au desservant, jusqu'à ce que la commune, aidée par une souscription publique, en eût fait l'acquisition (4).

M. Gayte, successeur de M. Calemard, mourut peu de

---

(1) Cité dans une brochure publiée en juillet 1832 par M. Bayon sous ce titre « *Réponse aux habitants du village de Saint-Paul-en-Cornillon.* »

(2) *Conventions entre le seigneur de Cornillon (au nom des paroissiens) et le curé de la paroisse, le 11 juin 1763.*

(3) Il mourut curé de Trelins vers 1830.

(4) Lettre du préfet de la Loire, signée Ducolombier, en date du 14 novembre 1808, relative à l'acceptation du don d'une maison de cure pour la commune de Saint-Paul-en-Cornillon. *Catal. de la bibl. de la ville de Saint-Etienne*, p. 188.

temps après sa prise de possession. Il fut remplacé par M. Ferlay, auquel succéda M. Clayette.

Sous son administration l'église de Saint-Paul reçut d'importantes réparations qui modifièrent complètement son aspect primitif.

De l'ancienne chapelle prieurale il ne reste plus aujourd'hui qu'une travée, celle du chœur, qui ne paraît pas remonter au delà du XVᵉ siècle. Les trois nefs qui la précèdent, voûtées en berceau, sont du XVIIᵉ.

Le clocher, la voûte en coupole de l'abside, celle en berceau du côté nord et la porte d'entrée sont de construction récente.

Au-dessus de cette porte d'entrée, — la seule de l'église, car celle-ci se termine à l'ouest par un mur sans ouverture, — on voit un ange tenant un écusson. Cette sculpture provient de l'ancien portail et devait se trouver au-dessus de la niche qui aujourd'hui abrite la Sainte Vierge.

Le clocher lourd et sans caractère est placé au-dessus du chœur. Il renferme deux cloches. Sur la plus considérable, on lit l'inscription suivante :

Je m'appelle Agathe
Je pèse 474 kilos.
A mon baptême, j'ai eu pour parrain Jean Garonnaire aîné
Et pour marraine Agathe Garonnaire, sa sœur.
La paroisse de Saint-Paul me doit aux soins de
M. Clayette, curé.
A la générosité de mon parrain et de ma marraine
Et aux dons de différents bienfaiteurs, l'an 1855.

Sur la plus petite on lit :

Je m'appelle Marguerite
Je pèse 316ᵏ,5
A mon baptême, j'ai eu pour parrain Etienne Alvergnat, propriétaire
Et pour marraine Marguerite Terasson, veuve Decluzel.
La paroisse de Saint-Paul-en-Cornillon me doit au zèle
De M. Clayette, curé,
A la générosité de mon parrain et de ma marraine
Et aux dons de différents bienfaiteurs, l'an 1855.

Ces deux cloches portent au-dessous de l'inscription des matrices dans lesquelles sont gravés le Christ crucifié et l'image de la Vierge.

Toutes deux sortent des ateliers de M. Burdin (fils aîné), fondeur à Lyon.

A l'intérieur, il y a trois nefs. Les deux nefs latérales se terminent brusquement par un mur droit auquel sont adossés les autels ; la nef centrale seule se continue par une abside semi-circulaire, voûtée en forme de cul-de-four. Cette abside abrite le maître-autel dédié à saint Paul, bien que sainte Marie-Magdeleine soit la patronne de la paroisse.

L'autel situé du côté de l'épître, est placé sous le vocable de la Vierge. Il est surmonté d'une niche, encastrée dans le mur, destinée à abriter la statue de la Vierge Mère. Cette niche de style gothique doit à sa largeur trop grande de produire un effet un peu lourd. Une inscription gravée sur la pierre d'assise porte la date de 1525. Cette niche qui est surmontée d'un écusson, dont les émaux ont été malheureusement défigurés, se trouvait autrefois au-dessus de la principale porte d'entrée de l'église.

Du côté de l'Evangile, se trouve l'autel du Sacré-Cœur.

Une inscription gravée sur une plaque de marbre, fermant une excavation pratiquée dans l'épaisseur d'une colonne, rappelle aux visiteurs que là est déposé le cœur de M. l'abbé J. Clayette « qui fut pendant vingt-six ans curé et bienfaiteur de la paroisse, du 16 juillet 1837 au 8 février 1863 ».

A droite de la porte d'entrée on voit un tableau de facture ancienne, représentant Marie-Magdeleine pénitente. Ce tableau, destiné à rappeler que l'église est placée sous le vocable de Sainte-Marie-Magdeleine, a malheureusement tourné au noir.

A l'extérieur, on voyait autrefois deux bénitiers en pierre : l'un portait la date de 1683, l'autre était formé par une colonne surmontée d'un chapiteau que l'on avait profondément creusé pour le convertir en bénitier. M. Gidrol, qui succéda à

M. Clayette, administra la paroisse de Saint-Paul de 1863 à 1895. Pendant cette période le petit village de Saint-Paul a complètement changé d'aspect, grâce à l'établissement d'un important tissage mécanique. Cette usine, construite vers 1860 par MM. Descours, reçut une vigoureuse impulsion lorsque M. Genthon en prit la direction en 1882. Depuis cette époque, elle est la principale ressource du pays qui lui doit son bien-être matériel et l'augmentation de sa population (1). Sous son heureuse influence les anciennes maisons du village ont été restaurées et de nouvelles ont été construites.

L'usine occupe aujourd'hui environ cinq cents ouvrières. La plupart d'entre elles sont logées dans la maison, où elles ont à leur disposition une chapelle desservie par un aumônier. La chapelle renferme un fort beau maître-autel en marbre blanc orné de mosaïque. Le tombeau est occupé par un bas-relief en marbre représentant le Christ et les disciples d'Emmaüs d'après Fabisch.

L'autel de la Vierge, tout en bois sculpté, est un travail de mérite. Il est surmonté d'un beau rétable gothique. Le tombeau est formé par un bas-relief représentant la mort de la Vierge. Le rétable est occupé dans sa partie inférieure par le tabernacle placé entre deux petits bas-reliefs, représentant l'Annonciation et la naissance du Sauveur. Le tabernacle est surmonté d'une colonne au chapiteau finement sculpté supportant la statue de la Vierge. Elle est accompagnée de chaque côté par les statues de sainte Anne et de saint Joseph exécutées d'après les meilleurs modèles. Le panneau central se termine par un arc ogival, surmonté d'une flèche couronnée par une croix aux extrémités trilobées. Il est encadré de chaque côté par des clochetons gothiques. Les deux panneaux latéraux sont surmontés d'une

---

(1) *Statistique.* — Saint-Paul-en-Cornillon (sans Cornillon) comptait en 1836 : 201 habitants, dont 191 au bourg. —En 1846, 186 habitants (bourg, 174). En 1866, 321 habitants (bourg, 283). — En 1876, 230 habitants (bourg, 196). — En 1896, 290 habitants, dont 258 au bourg.

moulure crénelée et terminés à leur extremité par des clochetons. Au milieu des créneaux une sculpture en saillie en rompt heureusement l'uniformité. L'œuvre tout entière, bas-relief et motif d'ornementation, est sculptée dans un bois hors pair, finement travaillé.

Les Dames de l'Instruction de l'Enfant Jésus du Puy sont chargées de la surveillance des jeunes filles et de la direction intérieure de la maison.

Le village de Saint-Paul possède une école mixte dirigée par les sœurs Saint-Joseph.

Rien ne subsiste aujourd'hui de l'ancien prieuré de Saint-Paul-en-Cornillon.

On remarque bien çà et là, dans le groupe de maisons qui se pressent autour de l'église, des vestiges de construction ancienne ; mais ces restes sont insuffisants pour qu'il soit possible de reconstituer, même par la pensée, le petit moutier de Saint-Paul. Tout au plus pourrait-on dessiner le tracé de ses anciennes murailles, en suivant attentivement les murs d'enceinte et les maisons voisines de l'église.

Les maisons du village actuel de Saint-Paul s'étagent gracieusement au-dessus des berges de la Loire. Grâce à sa situation et à son altitude peu élevée (1), il jouit d'un air pur et d'un climat tempéré. Depuis quelques années les habitants des villes voisines, où la population est dense et l'air vicié, viennent volontiers chercher à Saint-Paul un air plus pur et plus sain. Il est regrettable toutefois qu'ils ne trouvent pas dans cette localité des logements confortables et les commodités de la vie moderne ; car, plus encore que le Pertuiset et Semène, Saint-Paul serait le rendez-vous de ceux qui pendant les chaleurs de l'été recherchent la tranquillité et le repos.

---

(1) Saint-Paul-en-Cornillon est à 448 mètres d'altitude. A son entrée dans le département, auquel elle donne son nom, le lit de la Loire se trouve à 426 mètres.

L'Abbaye et le Village de Chazeaux.

Le petit village de Chazeaux est situé à l'extrémité du Forez, sur les limites du Velay. Ses maisons disséminées dans la campagne occupent le fond d'un ravin large mais profond. Il est formé de deux agglomérations assez considérables, l'une appelée l'Abbaye et l'autre Chazeaux ; cette dernière est de formation récente.

I

Sur les bords du ruisseau de Gampille, qui glisse silencieusement au milieu des vertes prairies qui occupent le fond de la vallée de Chazeaux, on voyait, au XIIIe siècle, un petit châtelet qui servait de rendez-vous de chasse aux seigneurs de Cornillon. A cette époque, le paysage n'était pas ce qu'il est aujourd'hui ; car nous savons que le petit manoir dont nous venons de parler abritait quelques huttes perdues au milieu d'une immense forêt. La solitude et le silence de cette vallée séduisirent noble dame Luce de Baudiner qui, en 1337, par un acte solennel passé dans dans la grande salle du château de Cornillon, fonda et dota en l'honneur de Dieu, de la bienheureuse Vierge Marie et de la bienheureuse Claire, un monastère de pauvres Clarisses. Cette nouvelle maison religieuse prit le nom de Chazeaux que l'endroit portait déjà, en raison des pauvres huttes qui entouraient le rendez-vous de chasse.

La fondatrice ne s'en tint pas là, car, pour subvenir à l'entretien du couvent et de ses habitants, elle leur donna « le droit

d'usage dans la forêt de Lambrossier, des vignes à Cornillon (1),
et des prés, terres et taillis, sur le ruisseau de Gampille et la
rivière d'Ondaine.

A sa mort, elle voulut être enterrée au milieu de ses religieuses, dans la chapelle qu'elle avait fondée (2). Par son testament, elle pourvoyait au besoin des huit religieuses alors
dans le monastère et des deux chapelains chargés de desservir la prébende établie dans la chapelle.

I. — La première abbesse de Chazeaux fut Marguerite
Rigaud, qui gouverna la maison nouvellement fondée, au
milieu de difficultés sans cesse renaissantes avec les prieurs de
Firminy et les curés du voisinage.

II. — Elle fut remplacée dans ses fonctions par Jeanne de
Crussol, d'une famille à laquelle la maison de Baudiner venait
de s'allier par le mariage de Béatrix de Poitiers avec Géraud
Bastet, seigneur de Crussol, qui devint plus tard baron de
Cornillon. Jeanne de Crussol était petite-fille de la fondatrice
du couvent qui lui avait laissé une riche dot, payable par ses
héritiers, au moment où elle entrerait en religion.

III. — Adèle de Pierregourde, qui gouverna l'abbaye après
Jeanne de Crussol, ne fit que passer sur le siège abbatial (3).

IV. — Après sa mort, la confiance des religieuses investit de
l'autorité suprême Jacquemette de Chateauvieux.

V. — La noble maison Forézienne de Rochebaron fournit
une abbesse à Chazeaux, en la personne de Marguerite de

(1) Les vignes données par Luce de Baudiner aux religieuses de Chazeaux
se trouvaient situées sur la paroisse de Cornillon, « au lieu dit de la *Croix
du poirier*, près le chemin qui va dudit Cornillon à Firminy ».

(2) Cf. histoire de la Baronnie de Cornillon. Première partie, page 24.

(3) Elle était fille d'Hugues de Pierregourde, frère consanguin de Luce de
Baudiner.

Rochebaron, qui vivait dans la première moitié du XVe siècle. Les documents du temps nous apprennent qu'elle fut remplacée successivement par quatre abbesses de la maison de Layre alors établie à Cornillon.

VI. — Catherine I de Layre qui mourut vers 1455.

VII. — Gabrielle I de Layre.

VIII. — Catherine II de Layre.

IX. — Gabrielle II de Layre, connue par ses démêlés avec son père Jean de Layre, baron de Cornillon.

Cependant, à l'époque où Gabrielle II de Layre gouvernait le monastère de Chazeaux, le relâchement s'était introduit dans cette abbaye. Nous en avons la preuve dans une lettre adressée par le baron de Cornillon à l'archevêque de Lyon, lui demandant d'y rétablir l'ancienne discipline. Les nombreux procès et démêlés que Jean de Layre avait eu à soutenir contre sa fille, avaient aigri son caractère et l'avaient excité contre les religieuses ; aussi, était-ce bien plus par représailles que par zèle pour la gloire de Dieu et la discipline ecclésiastique, qu'il avait formulé sa plainte. Quoi qu'il en soit, l'autorité diocésaine refusa de s'immiscer dans les affaires intérieures du couvent, exempté de la juridiction ordinaire, jusqu'à ce que l'official de Lyon eût reçu une délégation du pape Alexandre VI. Hâtons - nous d'ajouter, pour l'honneur des Clarisses de Chazeaux, que le réformateur n'éprouva pas une grande résistance ; car nous savons qu'en 1495, peu de temps après son passage, les religieuses vivaient dans toute l'austérité de la règle de sainte Claire (1), sous la sage direction de Marguerite de Rochefort, qui venait de succéder à Gabrielle II de Layre.

_____

(1) Voici quel était à cette époque le costume des religieuses clarisses de Chazeaux, d'après le portrait de Marthe de la Tour-Varan, prieure de Chazeaux au milieu du XVIe siècle : robe de drap gris en hiver, de serge en

X. — Toutefois les bonnes dispositions des religieuses ne furent pas de longue durée ; car, moins de dix ans après, Marguerite de Rochefort, dont la sévère sagesse maintenait la discipline, était obligée de résigner ses fonctions en faveur de sa nièce Bénigne Mitte de Chevrières, qui introduisit à Chazeaux la règle bénédictine (1).

II

XI. — Devenue simple prieuré bénédictin, l'ancienne abbaye royale de Chazeaux subit une véritable transformation. Sous la haute direction de sa nouvelle prieure, le monastère qui tombait en ruine fut restauré et les religieuses, incapables de vivre sous la règle austère de sainte Claire, furent soumises à une règle bénédictine mitigée, mais dont l'opportunité et la sagesse avaient été reconnues par le Saint Siège (2).

été ; — soques ou sandales (d'autres avaient toujours les pieds nus)... — manteau fort long (d'autres le portaient fort court) ; — coiffure formée d'un voile noir qui recouvrait une bandelette blanche de lin ; guimpe aussi de lin autour du cou. — La robe était ceinte d'une corde blanche de fil à plusieurs nœuds, sous laquelle se trouvait d'ordinaire un cilice de peau de porc dont les soies coupées court entraient plus aisément dans la chair, comme autant de pointes aiguës, et causaient une douleur lancinante et continuelle.

(1) Cette abbesse appartenait également à la famille de Layre par sa mère Jeanne de Layre, dame de Cuzieu, qui avait épousé Jean Mitte de Chevrières. Avant de devenir prieure bénédictine de Chazeaux, elle exerçait les mêmes fonctions dans le monastère bénédictin de Sainte-Marie-de-Coise en Argentière.

(2) L'habit des religieuses se composait d'une robe noire sans plis, longue d'un quart par derrière, les manches plates et d'une longueur à cacher les mains ; d'un scapulaire également d'un quart en largeur, attaché assez haut pour ne point marquer la taille. Un mémoire du XVII° siècle nous donne sur l'habit des religieuses les renseignements suivants : « Les voiles seront noirs et d'une étamine de laine ; celui de dessous, d'une étamine épaisse ; le second, d'une plus légère ; et celui de dessous, étant destiné à voiler, doit être comme il convient pour cela ; il y aura un bandeau sur le front, d'une batiste serrée et épaisse, une guimpe sans plis et coupée d'une manière assortie à la modestie religieuse ; la toile en doit être serrée et

Bénigne Mitte de Chevrières mourut en 1537, sans avoir la consolation d'avoir fermement établi, dans son monastère, la réforme qu'elle y avait introduite ; car plusieurs auteurs graves affirment que l'acceptation de la réforme par les religieuses n'avait été qu'apparente et qu'elles ne tardèrent pas à retomber dans leur vie sensuelle et dissipée.

XII. — Marguerite d'Amanzé succéda à sa tante dans le gouvernement du prieuré de Chazeaux. Son administration dura environ douze ans.

XIII. — Antoinette de Rochebaron, qui lui succéda, gouverna le monastère pendant les temps difficiles des guerres de religion. En 1569, les protestants s'étant emparés de la ville de Saint-Etienne, leur chef, l'amiral de Coligny, y tomba gravement malade; si bien que les troupes religionnaires séjournèrent quelques semaines dans la ville. Pendant ce temps, les bandes protestantes se répandirent dans les campagnes environnantes, livrant au pillage les églises et les monastères. Le prieuré de Chazeaux reçut alors leur visite et fut ruiné de fond en comble. On ignore, à la vérité, ce que devinrent les religieuses ; mais on sait que les deux chapelains attachés à leur service furent pendus aux arbres du jardin.

Après le départ des protestants, Antoinette de Rochebaron rassembla de nouveau ses religieuses dans le prieuré de Chazeaux, restauré à la hâte.

XIV. — Après elle. Chazeaux fut gouverné successivement par :

Catherine III de Brosses (1573-1574).

épaisse ; il doit y avoir des sous-guimpes qui doivent doubler en partie les guimpes qui ne sont pas suffisamment épaisses et que l'on ne portera jamais sans cela.

Il était d'usage de porter un chapelet à la ceinture.

Le vestiaire d'une religieuse Bénédictine se complétait d'une robe de chœur de laine commune, légère pour l'été, épaisse en hiver, « selon la tolérance de saint Benoît ».

XV. — Cécile d'Amanzé, prieure commendataire, 1574-1618.

XVI. — Cette dernière prieure fut remplacée par sa nièce, Gelberge d'Amanzé de Chauffailles, religieuse bénédictine de l'abbaye de Saint-Pierre des Terreaux à Lyon. Ce fut elle qui, en 1622, obtint l'autorisation de transférer le monastère de Chazeaux à Lyon, dans la maison de campagne de l'ancien chef ligueur Mandelot, qu'elle avait achetée à cet effet. Cette maison, située sur la rive gauche de la Saône à mi-côte de la colline de Fourvière, à l'extrémité du quartier de Belle-Grève, au-dessus de la cathédrale Saint-Jean, possédait de belles et vastes dépendances. Mandelot, gouverneur du Lyonnais, Forez, Beaujolais, sous la Ligue, en avait fait sa résidence d'été et l'avait ornée de fort belles peintures et créé, dans le jardin, une série de terrasses étagées les unes sur les autres et ornées d'eaux jaillissantes et de magnifiques bosquets. Ce fut là que Gelberge d'Amanzé installa ses religieuses au printemps de l'année 1623.

Les prieures qui succédèrent à Gelberge d'Amanzé furent :

XVII. — Antoinette II de Varennes Nagu.

XVIII. — Magdeleine de Varennes Nagu, sœur de la précédente, 1667-1696.

XIX. — Jeanne-Marie de Rostaing de Rahoult, 1696-1721.

XX. — Marguerite de Silvecane, 1721-1733.

XXI. — Antoinette de Beaumont, 1733-1743.

XXII. — Marianne Bathéon de Vertrieu, 1743.

XXIII. — Louise de Savaron était abbesse de Chazeaux au début de la Révolution française.

Le 11 juin 1790 les religieuses reçurent la visite des officiers municipaux qui, conformément au décret de l'Assemblée

Législative, leur déclarèrent qu'elles étaient libres de rompre leurs vœux ; mais aucune ne voulut profiter de cette liberté. Elles n'en furent pas moins dispersées quelques mois après et leur maison confisquée fut convertie en hôpital.

III

Après le départ des religieuses, les bâtiments du monastère de Chazeaux en Forez furent aménagés pour une exploitation agricole. Le revenu de ce domaine forma longtemps le plus clair des rentes de la nouvelle abbaye lyonnaise.

La chapelle de Notre-Dame de Chazeaux où, pendant des siècles, « les pauvres Clarisses » avaient prié pour leur fondatrice et la noble maison de Cornillon, continua à recevoir, à certain jour, un grand concours de peuple. Du reste, nous savons par une lettre écrite le 9 août 1671, par Antoinette de Varennes Nagu, abbesse de Chazeaux, à André Faure, fermier dudit domaine, que la chapelle avait conservé ses anciens reliquaires et tous les objets nécessaires au culte, car un prêtre du voisinage venait y célébrer fréquemment les messes de fondations et y présider les cérémonies organisées par les pèlerins.

IV

Dans la seconde moitié du XVIIe siècle, un curieux procès s'éleva entre Gabriel Anselmet, sieur des Bruneaux, et les habitants de Chazeaux.

Vers 1650, le sieur des Bruneaux « alléguant les blessures reçues à la guerre », obtint, grâce à l'influence de puissants personnages, des lettres de noblesse. Or, d'après la législation

du temps, ces lettres le mettaient au rang des *exempts et privilégiés :* c'est-à-dire, que désormais les terres du sieur Anselmet
étaient dispensées d'impôts et particulièrement de la taille, le
plus lourd de tous. Cette dispense avait pour conséquence de
rejeter sur les biens particuliers des habitants la quotité enlevée
sur les terres du sieur des Bruneaux, et comme celui-ci possédait les deux tiers de la paroisse de Chazeaux, il s'ensuivait
que la totalité des impôts était payée par le tiers appartenant
aux habitants.

Ceux-ci, lésés dans leurs intérêts, citèrent le sieur des Bruneaux devant la cour de Forez, alléguant « que depuis 1653, le
sieur Anselmet avait surpris des lettres de noblesse sous prétexte qu'il était tout criblé de blessures reçues au service du
Roy en Flandre, Italie et Catalogne, alors qu'il n'a jamais manié
l'épée ni quitté le pays, où il était procureur d'office de Firminy ».

Les habitants ajoutent « que ledit Anselmet les fait journel-
lement menacer par des gens condamnés à mort et qu'il s'est
emparé de tous les titres qui se trouvaient dans le pays. Ils
demandent donc que ledit sieur des Bruneaux soit interrogé
devant le Roy, sur ces faits et que visite soit faite sur son corps
pour rechercher ses blessures ».

Le procès ne dura pas moins de dix ans. Enfin, en 1666, un
arrêt du Conseil d'Etat, devant lequel il avait été porté, décida
un débat contradictoire dans lequel les habitants de Chazeaux
établirent « que le sieur Gabriel Anselmet n'a jamais fait la
guerre qu'aux paysans de son voisinage et que ses prédécesseurs n'étaient que de simples praticiens de village, cabaretiers
et fermiers. Ils ajoutent, de plus, que l'enquête qui avait précédé
la cession des lettres de noblesse, était fausse de tout point,
fausse aussi l'assemblée qui devait précéder l'entérinement de
ces lettres et que, pour leur promulgation, aucune assignation
n'avait été adressée aux habitants et qu'elle avait été faite
sans annonce préalable, à l'issue des vêpres et non de la messe,
comme cela se doit et devant 11 habitants seulement, alors

qu'il y a plus de cinquante taillables à Chazeaux » (1). Devant
« pareille remontrance et aussi pour ce que les habitants ont
prouvé que le sieur des Bruneaux n'avait jamais été à l'armée;
mais qu'il a obtenu tous ces certificats mensongers du marquis
de Sourdis, son débiteur, le Roy révoqua les lettres de noblesse
accordées à Gabriel Anselmet et, conformément aux édits
royaux, les consuls, syndics et habitants de Chazeaux obtinrent
non seulement l'imposition des biens dudit sieur Anselmet,
mais encore le tiers de l'amende attribuée à ceux qui prouvent la
fausseté des titres produits par les usurpateurs de noblesse » (2).

V

L'Abbaye de Chazeaux fut vendue, comme bien national
pendant la Révolution, pour le prix de 37.700 livres, à un négociant de Saint-Étienne (3).

L'ancienne chapelle des religieuses Clarisses, bien que fort
délabrée, est encore intacte. Malgré son aspect misérable, elle

---

(1) Dans une des séances du procès « les sieurs de La Motte et de Bouillon
déposent contradictoirement que Anselmet était au secours de Cazal en
avril 1640; Anselmet dit qu'il était au siège d'Arras, en juin 1640, la chose
n'est pas possible et ensuite ne serait-il plus allé au siège de Turin qui se
faisait en même temps; de plus il aurait été blessé à Cazal, il n'était donc
pas en état de faire un long voyage, un certificat du maréchal de l'Hospital
atteste néanmoins qu'il servit pendant toute la campagne dans l'armée qui
assiégea Arras. Anselmet dit qu'il a souvent été blessé, qu'il montre ses
blessures, qu'il laisse visiter son corps, mais les habitants prouveront qu'il
était à Firminy dans le temps qu'il prétendait être à Cazal et à Arras ».
*Écritures et contredits des habitants de Chazeaux contre Gabriel Anselmet en
exécution de l'arrêt du Conseil d'État, du 7 janvier 1666.*

(2) La procédure de cette affaire forme une énorme liasse renfermant des
« ordonnances de M. Dugué, intendant de la généralité de Lyon, tant aux
habitants de Chazeaux qu'au sieur Anselmet; des suppliques des habitants à
l'intendant; — des réponses du sieur Anselmet aux allégations des habitants de
Chazeaux. »

(3) *Acte de la vente de l'abbaye de Chazeaux comme bien national. — Bibl.
de la ville de Saint-Étienne.*

est le rendez-vous de nombreux pèlerins qui y viennent adresser des prières à saint Jean-Baptiste, auquel elle est dédiée. L'affluence est particulièrement considérable le 24 juin, jour de la fête de saint Jean.

Le culte du saint est fort ancien à Chazeaux ; car au commencement du XVᵉ siècle, on y venait déjà vénérer ses reliques et de tout temps les mères y ont amené les enfants atteints de convulsions, pour obtenir leur guérison. Ces souvenirs et le culte du saint sont rappelés encore aujourd'hui à Chazeaux, par une sculpture en bois polycromée, représentant la tête de saint Jean dans un plat.

La chapelle est formée par une salle rectangulaire dans laquelle on pénètre par une porte plein-ceintre, sans ornements. Le mur latéral extérieur est percé d'une étroite ouverture. A celui du fond sont adossés deux petits autelets en bois. L'abside, dont le fond est percé d'une fenêtre, est formée par un édicule carré et indépendant (1). Dans les murs latéraux se voient, au midi, un arc ogival abritant probablement un tombeau, au nord, un placard à deux arceaux en ogive, cette partie de l'édifice paraît être plus ancienne et pourrait remonter au XIVᵉ siècle (2).

Dans un coin de la nef, à terre est une cloche provenant d'un petit campanile de bois, aujourd'hui démoli, qui surmontait la façade. On y lit l'inscription suivante :

Sit nomen domini benedictum 1829. Monsieur Claude Colard, maire ; parrain, M. Thomas Colard père ; marraine, demoiselle Marie Ravel.

Une partie des bâtiments de l'ancien monastère sont encore debout. On voit, notamment au nord, une construction du XVᵉ siècle servant d'habitation et qui a conservé quelques

---

(1) La chapelle a une seule nef sans voûte, mais couverte par un toit lambrissé.
(2) *Le Forez pittoresque.*

II

fenêtres à meneaux. A l'intérieur, il y a de belles cheminées de la même époque ; l'une d'elles porte encore un écusson aux armes des de Laire. Au sud, se trouve le bâtiment claustral, dont il ne reste que les murs sans ouverture ancienne ; il est converti aujourd'hui en grange et fenil.

Dans la vaste cour de la ferme, on voit un ancien puits, ombragé par un majestueux tilleul, qui pourrait bien être contemporain des dernières religieuses (1). Auprès de la chapelle, un portail surmonté d'un auvent rustique, conduit dans l'ancien cimetière de l'abbaye. Il communiquait avec la chapelle par une porte, surmontée d'une accolade, dont l'enca-drement est visible. Des fouilles faites accidentellement, il y a peu de temps, au chevet de l'église, ont mis au jour des substructions assez considérables et quelques ossements humains.

Les habitations qui entourent l'ancien monastère de Chazeaux forment, en raison de ce voisinage, le hameau de l'Abbaye.

A deux cents mètres de là, à l'ouverture de la vallée, on voit la nouvelle agglomération, siège de la commune de Chazeaux. Elle est décorée d'une belle église paroissiale construite en 1860, sur les plans de Tisseur, architecte lyonnais. Elle est de style gothique, d'une simplicité de bon goût et se compose d'une seule nef recouverte d'une charpente apparente. Le clocher carré, placé au-dessus du portail, est formé d'un seul étage en surélévation au-dessus de la nef. Il est percé sur chacune de ses faces d'une gracieuse fenêtre géminée. Il renferme deux cloches, la plus grosse porte dans son pourtour l'inscription suivante :

Laudate dominum omnes gentes ; laudate eum omnes populi.

---

(1) Les habitants l'appellent quelquefois *l'arbre du Roy*. Il est à présumer que ce tilleul est encore un de ceux plantés à la suite de l'ordonnance de Sully, enjoignant aux habitants des paroisses rurales de planter des ormeaux ou des tilleuls devant les églises.

Anno reparatæ salutis MDCCCLXXVII summo Pontifice Pio IX, Ludovico-Maria-Josepho-Eusebio Caverot, archiepiscopo Lugdunensi et Viennensi, Galliarum primate gubernantibus, solemniritu dedicavit parochia (1). MM. Vacher, curé; Rouchon, maire; Antoine Massardier, bienfaiteur.

Sur la petite, on lit :

Donateurs M. le comte de Charpin-Feugerolles et M. Jacques Chapelon, parrain avec Mme Armandine-Marie-Sophie Guignard de Saint-Priest, comtesse de Charpin-Feugerolles, marraine en 1863.

---

(1) « L'an de l'incarnation 1877, sous le pontificat de Pie IX, Louis-Marie-Joseph-Eusèbe Caverot, archevêque de Lyon et de Vienne, primat des Gaules, cette paroisse a été solennellement érigée. »

Fraisses.

La commune de Fraisses, ou mieux des *Fraisses*, — car tel serait son véritable nom, — est comprise dans le territoire qui s'étend entre l'Ondaine, son affluent le Gampille et les collines qui séparent la vallée de l'Ondaine de celle de Semène (1). M. La Tour-Varan, qui a laissé quelques notes sur Fraisses, dans sa chronique des châteaux et des abbayes du Forez, décrit ainsi ce pays :

Fraisses est un délicieux séjour entouré des plus magnifiques arbres, des plus grasses prairies qu'arrosent sans cesse et que fertilisent d'abondantes eaux, qui jaillissent de toutes parts, territoire coupé par des haies vives, des clôtures de tout genre et des chemins tortueux qui le font ressembler à un village des bords du Gave, au pied des Pyrénées, à Sault-de-Navailles par exemple.

La cognée a aussi passé par là, mais ses ravages y apparaissent d'autant moins que la sève y est d'une puissance régénératrice plus grande, à ce point qu'il suffit de quelques années pour qu'un jeune plant, bon tout au plus à faire une quenouille de bergère, devienne assez gros pour que son branchage couvre d'ombre un vaste espace de terrain (2).

Malgré la merveilleuse fertilité du pays, assurée par le chroniqueur forézien, la hache a percé de larges trouées dans les taillis de Fraisses, et aujourd'hui, sauf quelques sommets voisins, les bords de la rivière et les bouquets d'arbres qui ornent les parcs des demeures aristocratiques du pays, le

(1) Le point culminant, situé au-dessus de la *Rivoire*, atteint 735 mètres ; toutefois l'altitude moyenne n'est pas supérieure à 469 mètres.
(2) La Tour-Varan. Chroniques des châteaux et des abbayes du Forez, tome II, page 7.

territoire est presque entièrement déboisé. Il est devenu ainsi infidèle à sa réputation et à la signification de son nom qui vient du latin *Fraxini*, Fraissins, Fraisses, et veut dire : « lieu planté de hêtres (1). »

Dans les temps reculés, cette région était occupée par une immense forêt de hêtres, dans laquelle les dames religieuses de Chazeaux avaient le droit de se fournir pour leur chauffage et les réparations de l'abbaye ; et il est vraisemblable qu'on donna alors aux maisons isolées qui s'élevèrent dans la forêt le nom de Fraisses et que plus tard, pour les spécifier, on les désigna sous l'appellation de Fraisses-le-Grand et Fraisses-le-Petit, sous laquelle elles sont mentionnées dans plusieurs documents anciens (2).

Le village de Fraisses est gracieusement situé au milieu de grasses prairies, sur les dernières pentes des collines qui s'inclinent vers l'Ondaine. C'était au moyen âge une dépendance de la baronnie de Cornillon.

En 1315, il appartenait à Gilles d'Escotay, damoiseau, qui rendait hommage, le 21 avril de cette année, à noble et puissante dame Luce de Baudiner, dame de Cornillon, « pour la villa (3) des Fraissins, — des Fraisses, — avec ses appartenances, situées au hameau du Pin... (4). »

Le mas des Fraisses était habité, en 1348, par Simon Grandon, paroissien de Firminy qui, par un testament daté du 16 novembre, faisait des donations en faveur des luminaires établis dans l'église de Firminy : « à savoir celui de la B. Vierge Marie, de saint Pierre et ceux de la sainte Croix et de la B. Catherine ; de plus, il laissait une offrande pour la construction de l'église

---

(1) D'où l'on a fait Fraissins, Fraissen, Fraisses. Cf. La Tour-Varan, op. cit., tome II, page 164.

(2) Le *Petit-Fraisses* est le plus rapproché de Firminy ; le *Grand-Fraisses*, dit aussi *Fraisses-Mea*, est plus bas, sur le chemin de Cornillon.

(3) Le nom de villa, quelquefois encore employé à cette époque, désignait ordinairement une ferme considérable avec maison de maître et dépendances.

(4) *Cartulaire du château de Cornillon.*

de Saint-Jean de Lyon et aux sœurs du monastère (1) sainte
Claire de Chazeaux... »

Lorsque dans la suite la seigneurie de Cornillon passa aux
différentes familles nobles qui l'ont possédée, une grande partie
du territoire des Fraisses fut aliénée ; si bien qu'au milieu du
XVIIᵉ siècle on y voyait, outre la seigneurie de Cornillon, trois
autres fiefs de moins d'importance. En effet, le prieuré de
Firminy possédait une partie de ce territoire et les petites seigneuries du Paulat et de Villeneuve revendiquaient le reste.

La partie dépendant du fief de Cornillon, appelée des *Rives*,
— parce qu'elle était située sur les deux rives de l'Ondaine, —
était occupée par un bois taillis dont l'essence forestière principale était le « fayard ». Nous savons par le procès-verbal
dressé le 18 mai 1686, lors de la prise de possession de la
baronnie par le sieur Jacquier, « que le territoire des Rives,
planté de bois chênes, fayards et pins, mesurait cinq cent dix
métérées, les deux tiers en bois de haute futaie, dans lesquels
nous avons remarqué, disent les experts, un grande quantité
d'arbres nouvellement coupés par les souches, principalement
dans le bois de chênes ». Le reste du tènement était couvert de
vignes, terres et prairies. L'acte indique que le territoire des
Rives est compris « entre le ruisseau de Gampille, l'Ondaine,
le tènement de Roche, la Roche d'Ondaine et le chemin tendant
de Firminy à Cornillon par les Creuses ».

Aujourd'hui le nom des Rives, — modifié en celui de la
Rive, — est encore porté par la belle habitation, résidence de
Mᵐᵉ Canel et de la famille Chapelon. Cette demeure, située
entre l'Ondaine et la voie ferrée de Saint-Etienne au Puy, possède un beau parc dont les allées ombreuses côtoient l'Ondaine
ou s'enfoncent dans les bois qui garnissent les coteaux voisins.

Au-delà des terres de la baronnie de Cornillon, se trouvaient
les dépendances du petit fief du Paulat, dont les seigneurs

(1) *Arch. dép. de la Loire ;* inventaire, tome II, page 127.

relevaient à la fois des barons de Cornillon et des prieurs de
Firminy. Le Paulat était ainsi appelé d'une famille de même
nom qui le possédait déjà au milieu du XV⁰ siècle.

Vers 1480, celle-ci y fit construire des bâtiments d'exploitation
et peut-être un petit châtelet ; mais il ne jouissait ni du titre de
fief ni des droits seigneuriaux. En 1499, la famille Paulat aliéna
une partie de sa terre en faveur de Bernard Rajat qui y fit
élever une grange ; mais elle conserva jusqu'au milieu du
XVII⁰ siècle le reste des biens qu'elle possédait dans le pays,
savoir : « un pré au *Pont-du-Saulze*, confrontant la rivière
de *Gampille* ; un pré jouxte le chemin allant de *Cornillon*
à *Firminy* et le droit des eaux sur les deux chemins qui
proviennent des *Ormes* et de la *Croix Paulat* » (1). A cette
époque ils furent vendus à la famille Baraille qui possédait déjà
la partie anciennement aliénée. En 1640, le châtelet du Paulat
appartenait à Pierre Baraille, sieur de la Beynodière (2), qui le
laissa à Mᵉ Jean Baraille, avocat en Parlement, qualifié sieur
de Paulat. Celui-ci ayant épousé en 1691 Catherine Duon,
dame de Champes, lui fit à sa mort donation du Paulat qu'elle
porta à Noël Jourda de Vaux, avec lequel elle se remaria vers
1710 (3). La terre de Paulat resta longtemps dans cette famille ;
mais c'est par erreur que plusieurs chroniqueurs ont avancé
que le maréchal Jourdan de Vaux, le vainqueur de la Corse, y
mourut ; il y fit, il est vrai, plusieurs séjours ; mais il mourut à
Grenoble en 1788, où le gouvernement royal l'avait envoyé
pour réprimer un mouvement populaire.

Le Paulat appartenait en 1854 à M. P. Boggio (4) et en 1860
à Mᵐᵉ du Roseil, née de Charpin-Feugerolles, qui l'avait fait
restaurer.

_____

(1) Cf. *Terrier Parchas* du Prieuré de Firminy. Biens et rentes du Prieuré
en 1634.
(2) La Tour-Varan, *op. cit.* tome II, p. 132.
(3) Cf. Abbé Theillière, *les Châteaux du Velay*, 1ʳᵉ livraison, *passim*.
(4) Cf. Ogier, *La Loire par cantons*, arrond. de Saint-Etienne ; canton du
Chambon, page 176.

Quant à la seigneurie de Villeneuve, dont dépendait également une partie du territoire de la commune actuelle de Fraisses, elle appartint successivement aux familles de Villeneuve et Parchas. Un membre de cette dernière famille, Antoine de Parchas, qui vivait au milieu du XVIᵉ siècle, portait le nom de sieur de Fraisses-Grand. Au XVIIIᵉ siècle, la terre de Villeneuve était un arrière-fief de la seigneurie de Feugerolles (1).

En 1789, lors de la suppression des anciennes provinces et de la division de la France en départements, districts et cantons, Fraisses forma une « parcelle communale » du canton de Firminy. Le maire fut le sieur Antoine Ravel. Au mois de janvier 1792, il procéda à la création de la garde nationale « des parcelles de Fraisses et Chazeaux unies ». Dès l'ouverture du registre, 43 hommes de Fraisses et 51 de Chazeaux se firent inscrire ; mais il est probable que plusieurs négligèrent cette formalité ; car leur nombre s'éleva ensuite à plus de 150 (2).

La paroisse de Fraisses date de 1865 et l'église qu'on y a élevée est dédiée à Saint-François Régis.

On a découvert à Fraisses des traces de minerais de fer ; mais les filons étaient si pauvres que l'exploitation n'a duré que quelques années. Il en est de même de la houille pour l'extraction de laquelle on avait ouvert deux puits qui sont depuis longtemps abandonnés.

Fraisses compte aujourd'hui plus de 2.000 habitants (3).

---

(1) La terre de *Martinière*, dont une partie est également sur le territoire de Fraisses, était aussi un arrière-fief de la baronnie de Cornillon. Elle fut possédée successivement par les familles Borie, Anselmet des Bruneaux et de Charpin-Feugerolles.

(2) *Registre des procès-verbaux de la municipalité de Firminy*. — Les gardes nationaux ayant procédé à l'élection de leurs chefs, nommèrent pour capitaine Jérôme de Charpin, pour lieutenant Jacques Dupuis et pour sous-lieutenants Gabriel Just et Louis Dupont. Toutefois une note marginale indique que ces deux derniers n'acceptèrent pas et qu'ils furent remplacés par Jacques Perron et Joseph Ravel. *Procès-verbal de la séance du 22 janvier 1792*.

(3) Le territoire de Fraisses occupe une superficie de 462 hectares 90 ares. Son altitude moyenne s'établit à 480 mètres.

Unieux.

—

Le territoire d'Unieux, qui occupe une superficie de 851 hectares 70 ares, est circonscrit entre le cours de la Loire, l'Ondaine, l'ancienne route de la Chaux à Roche-la-Molière, le ravin de l'Ecotay et une ligne droite tirée du hameau de l'Hôpital au fleuve. Ce territoire présente deux aspects bien différents. La partie septentrionale est hérissée de montagnes et coupée de ravins, alors que la partie du sud est formée par la vallée de l'Ondaine, qui présente une plaine allongée occupée par de grasses prairies. L'altitude moyenne est établie à 460 mètres.

Le terrain est formé dans la vallée de l'Ondaine par des couches carbonifères et du côté de la Loire par du granit rose. Ce dernier est tantôt d'un grain dur et serré, comme à Queyret, tantôt sans consistance et friable, comme au Pertuiset.

I

Le bourg d'Unieux, qui doit à son ancienneté d'avoir donné son nom à la commune, est situé sur la pente d'une éminence qui s'infléchit doucement vers l'Ondaine. Quelques auteurs font venir son nom du latin, *unus rivus*, — terre arrosée par un seul ruisseau, — étymologie qu'ils expliquent en disant que le Gampille et l'Ecotay se réunissent à l'Ondaine sur ce territoire pour ne former qu'une seule rivière ; mais cette étymologie est peu conforme aux règles de la formation des mots.

Au début du XIV° siècle, le territoire d'Unieux dépendait de la baronnie de Cornillon ; mais il appartenait en arrière-fief à Gilles d'Ecotay, damoiseau, qui, en 1315, rendait hommage à Luce de Baudiner pour tout ce qu'il possédait à Unieux, à l'Hôpital et à la Noirie (1).

Le reste du territoire était partagé entre les Hospitaliers de Saint-Jean de Jésusalem et une famille du nom de Peronnet. Un des membres de cette famille Peronnet d'Unieux, testait le 13 mai 1361. Par cet acte, il demandait à être enterré au cimetière de la bienheureuse Vierge Marie de Firminy et laissait à son épouse son habitation du Crion, située près d'Unieux (2). On pense qu'il faut attribuer à cette ancienne famille la fondation de la chapelle dite d'Unieux dans l'église paroissiale de Firminy. Cette chapelle, « qui était placée à main gauche en entrant », fut, au XVII° siècle, la cause d'un procès retentissant, entre deux familles du pays qui en revendiquaient la propriété. Pour mettre fin aux réclamations des prétendants, il ne fallut rien moins que l'intervention de l'archevêque de Lyon, Camille de Neuville, qui par un arrêté du 11 novembre 1685, décida « que la chapelle d'Unieux serait et demeurerait commune entre Nicolas Anselmet, écuyer, seigneur des Bruneaux et M. Louis Mollin, châtelain et notaire royal de Firminy ». L'ordonnance ajoutait : « que chacun d'eux jouirait du droit de banc et de sépulture et qu'à cet effet ladite chapelle serait partagée en deux, ledit sieur des Bruneaux ayant le choix... » (3) Quelques années après, à la suite d'un accord intervenu entre les intéressés, la chapelle d'Unieux appartenait en totalité à la famille Anselmet des Bruneaux. Un acte du 20 janvier 1694, nous apprend que cette chapelle, placée sous le vocable de l'Ange Gardien, jouissait d'un revenu de 20 livres pour une

---

(1) *Cartulaire de la Baronnie de Cornillon.*
(2) *Archives départementales de la Loire*, tome II, page 139.
(3) *Ordonnance de Monseigneur Camille de Neuville, archevêque de Lyon.*

fondation de messes faite par Nicolas Anselmet des Bruneaux et Claude (Gabriel) son fils.

L'industrie du fer maintenant si florissante à Unieux, n'y est pas d'importation récente comme on le croit communément.

Au XVIᵉ siècle déjà, les barons de Cornillon avaient établi à Unieux un martinet, une fonderie de fer, comme on disait alors, pour le travail du fer. Cet atelier, qui occupait alors six hommes, nous est décrit minutieusement dans le procès-verbal dressé par les experts stéphanois, lors de la vente de la Baronnie de Cornillon en 1686.

Dans la suite, plusieurs établissements semblables furent créés sur le territoire d'Unieux ; mais en 1789, un seul d'entre eux fonctionnait encore.

II

En 1789, Unieux fut érigé en commune et réuni au canton de Firminy, dont l'étendue territoriale était assez exactement celle de la baronnie de Cornillon ; car, outre Firminy, le chef-lieu de canton et les communes de Chazeaux et de Fraisses, il comprenait aussi Saint-Paul-en-Cornillon et Caloire.

Le maire d'Unieux était en 1792 Jacques Penel. Ce fut lui qui procéda à l'organisation de la garde nationale qui comptait 135 hommes ; chiffre qui semble donner une population approximative de 600 personnes (1).

Après la Révolution, l'industrie prit un nouvel essor à Unieux qui lui doit sa prospérité actuelle. Un industriel de Saint-Etienne, originaire du pays, y établit même plusieurs moulinages ; mais depuis ils ont été abandonnés.

---

(1) Le jour même de sa formation, les gardes nationaux ayant procédé à l'élection de leurs chefs, nommèrent pour capitaine Joseph Sevestre, pour lieutenant François De Chandon et pour sous-lieutenant Joseph Lacroix et Claude Chappelon. *Registre des procès-verbaux de la municipalité de Firminy en 1792.*

L'église paroissiale fut construite en 1827 (1). Elle est placée
sous le vocable de saint Thomas d'Aquin et se compose de
trois nefs voûtées en cintre surbaissé. Restaurée en 1896, après
un éboulement qui mit en péril la solidité de l'édifice entier, elle
ne subit aucune modification importante bien que, de l'aveu de
tous, un agrandissement eût été nécessaire, étant donné
l'augmentation considérable de la population.

Trois agglomérations importantes forment aujourd'hui la
commune d'Unieux : celle d'Unieux qui était autrefois la plus
considérable, celle de Sans-Picaud, jointe administrativement à
Unieux, mais qui par sa situation forme un faubourg de Firminy,
enfin celle du Vigneron, qui est de beaucoup maintenant la
plus populeuse. Cette dernière agglomération doit son importance et sa prospérité aux aciéries Holtzer. Fondés en 1829, les
ateliers, qui ont pris ces dernières années un grand développement, appartiennent aujourd'hui aux familles Holtzer et
Dorian. Dans le début l'usine ne s'occupait que de la production
de l'acier corroyé ; mais elle a depuis successivement entrepris
la fabrication des aciers fondus au creuset et des aciers puddlés.
L'usine d'Unieux a été la première de France à monter des
fours à puddler pour aciers.

Les ateliers couvrent une superficie supérieure à 11 hectares (2)
et occupent environ 1.200 ouvriers. L'administration de l'usine
a établi plusieurs œuvres philanthropiques ; elle entretient
notamment une école maternelle et subventionne une caisse
de secours pour les ouvriers malades, une caisse de prévoyance
pour les veuves et les orphelins des anciens ouvriers et une
caisse de retraite. Cette dernière, dont le capital provient de

---

(1) Unieux fut érigé en paroisse le 13 décembre 1836 ; toutefois, il y avait
déjà depuis sept ans un curé, Benoist Clément (1830-1854). Ses successeurs
furent : Pierre Gardette (1854-1869), Antoine Teissier (1869-1873), Jean-Pierre
Liogier (1873-1877), Antoine Touzet (1877-1878) et Jean-Baptiste Mercier, curé
actuel.

(2) Les bâtiments occupent exactement 4 hectares.

donations faites par Mme Dorian et Mme Holtzer, est administrée par des délégués élus, bien qu'elle fonctionne sans aucune cotisation des ouvriers.

III

Il y a sur le territoire d'Unieux plusieurs lieux qui rappellent des souvenirs anciens et des événements historiques. Citons parmi eux la Noirie, l'Hôpital et Triollière, qui méritent une mention spéciale.

Le lieu de la Noirie, situé sur l'Ondaine, non loin de l'endroit où elle se jette dans la Loire, est ainsi appelé à cause des beaux noyers qui s'y trouvaient autrefois.

Aussi loin que les documents historiques permettent de remonter, il y avait à la Noirie un moulin dépendant de la seigneurie de Cornillon et exploité par une famille qui avait pris le nom de l'endroit. A la fin du XIVe siècle, le moulin de la Noirie était en ruines et il ne fut reconstruit qu'en 1445, comme le constate la pièce suivante extraite des archives de Cornillon.

Permission donnée par le seigneur de Cornillon à Louys de la Noirie, de faire reconstruire un moulin sur la rivière de Loire.

Sachent tous que l'an de N. S. 1455, le 5 du mois d'août... s'est présenté personnellement au château de Cornillon devant noble et puissant seigneur Jean de Laire, seigneur de Cornillon, honnête homme Jean de la Noirie... disant et rapportant... savoir un certain moulin, situé sur la rivière de Loire, lequel depuis bien des années est tombé en ruine, tellement que dans peu de temps il n'en restera plus de vestige.

Lequel moulin ne rapporte et ne pourrait rien rapporter audit Jean, bien qu'il en paye les cens et redevances, s'il n'obtenait dudit seigneur la permission de reconstruire ledit moulin et de faire une écluse dans la largeur de la Loire, comme il y avait coutume, tant

pour le service dudit moulin que pour la pêche des saumons et
autres poissons...

Ce qu'ayant entendu, ledit seigneur... a donné et donne audit
Jean de la Noirie, la permission de faire ledit moulin avec l'écluse
traversant le fleuve de Loire et le fermant en entier.

Quelques années plus tard, en 1471, l'hommage de ce moulin
était renouvelé au seigneur de Cornillon, par Louys de la Noirie,
lequel en recevait de nouveau l'investiture en ces termes :

Nous Jean Beynod, certifions avoir donné l'investiture du moulin
dit de la Noirie, lequel vaut treize gros et un blanc, par la tradition
d'une plume à écrire...

A cette époque lointaine le moulin de la Noirie n'était pas le
seul qui existât sur le territoire d'Unieux, car il s'en trouvait
deux autres assez importants, l'un sur les bords de l'Ondaine
et l'autre sur un bief de dérivation, au lieu appelé encore
aujourd'hui des Planches.

A la fin du siècle dernier, une Compagnie de navigation créa
à la Noirie un petit port pour embarquer sur la Loire le charbon des mines de Firminy (1). Toutefois, ce ne fut qu'après la
Révolution française et particulièrement sous la période
impériale, que le port de la Noirie eut une certaine animation.
Etabli d'abord au-dessous du confluent de l'Ondaine, il fut
ensuite transporté au-dessus à cause de l'ensablement qui se
produisait au moment des hautes eaux. De 1815 à 1830, on y
chargeait, année moyenne, plus de cent cinquante bateaux de
charbon. En 1836, le port qui avait été endommagé par les eaux,
fut solidement reconstruit et protégé avec d'énormes pierres
garanties par un double rang de pilotis.

---

(1) Les annuaires et documents officiels du temps, disent que « la Loire
commence à être navigable au lieu de la Noirie, commune de Saint-Paul-en-
Cornillon ». A cette époque la Noirie était en effet sur la commune de
Saint-Paul ; car Unieux, comme Fraisses et Chazeaux, — n'était qu'une
parcelle communale de Firminy.

La facilité des communications et la création des chemins de
fer ont rendu inutile le port de la Noirie. Aujourd'hui, cet
endroit est complètement désert ; mais on voit encore, sur les
bords du fleuve, les murs qui soutenaient le quai d'embarque-
ment et les énormes anneaux de fer auxquels on amarrait les
bateaux, en attendant que l'arrivée des hautes eaux leur
permît de tenter, non sans courir bien des dangers, la descente
des gorges de Saint-Victor.

Le petit hameau de l'Hôpital, composé de quelques maisons
d'assez pauvre apparence, nous rappelle, comme la Noirie, des
souvenirs anciens. Les habitants du pays croient communément
que là était autrefois un hôpital et ils s'empressent de vous
faire remarquer combien l'air y est pur et sain. Cependant
c'est une erreur, et ce lieu, dont le nom complet est l'Hôpital
de Jérusalem, est ainsi nommé parce que les hospitaliers ou
chevaliers du temple de Jérusalem y possédaient une ferme,
dont il est assez souvent fait mention dans les actes des
XIII° et XIV° siècles. Les dépendances de l'Ordre, dont le
but était de secourir les pèlerins, se nommaient fréquemment l'Hospital, du latin *hospitium*, hospice, lieu où l'on donne
l'hospitalité aux voyageurs. Dans la première moitié du
XIV° siècle, ce lieu passa au chapitre de Saint-Jean de Lyon.
En 1249, il fut la cause d'un démêlé entre Aymard de Baudiner,
seigneur de Cornillon et Gaudemard de Jarez, chamarier de
l'église de Lyon, qui tous deux revendiquaient des droits
féodaux sur les hommes de l'Hôpital de Saint-Jean de Jérusalem,
près Unieux. D'un commun accord ils choisirent pour terminer
le différend quatre arbitres : Armand de la Rochain, Humbert
de la Tour, Ponce de Rochefort et Pierre Cornillon, prêtre. Ces
arbitres décidèrent, en août 1249, que le seigneur de Cornillon
ne lèverait sur les hommes de l'hôpital aucune taille ; mais
qu'il continuerait à juger les cas pouvant entraîner condam-
nation à une forte amende ou à la mutilation du corps. Les
habitants reconnaissaient en outre qu'ils étaient tenus de

travailler « aux palissades, fortifications et réparations des murailles du château de Cornillon » (1).

En 1411 un habitant du hameau de l'Hôpital, — que les documents appellent pour cette raison Pierre de l'Hôpital, — faisait par testament de nombreux legs pieux. En effet, indépendamment de dons généreux aux églises de Saint-Clément du Chambon et de Saint-Antoine de Cornillon, il faisait une « aumône à l'hôpital Saint-Antoine de Vienne et un don de cire à la roue de la bienheureuse Marie de Firminy » (2).

De nos jours, l'Hôpital est un petit hameau composé de quelques maisons, dont l'aspect misérable trahit seul la haute antiquité.

Le hameau de Triollière se trouve à environ deux kilomètres d'Unieux, dans la direction du nord-est. Il se compose de trois ou quatre fermes assez délabrées. M. de la Tour-Varan fait venir le nom de ce hameau de *Tri*, pour *Dri*, chêne ; *Ol*, forêt ; et la terminaison *Iere*, maison d'habitation. Selon lui Triollière signifierait donc habitation de la forêt de chêne, et il ajoute que cet endroit pourrait bien avoir été la résidence des prêtres gaulois appelés Druides.

Fraisses et Unieux ne sont pas seulement des communes nouvelles, mais aussi des pays nouveaux. En effet, les habitants qui subsistaient autrefois exclusivement par l'agriculture, vivent surtout aujourd'hui de l'industrie ; et au lieu où l'on voyait jadis les vertes prairies de l'Ondaine, s'élèvent aujourd'hui les ateliers de métallurgie les plus importants peut-être de France, et la campagne autrefois silencieuse retentit maintenant du halètement des machines et du bruit des lourds marteaux-pilons. L'avenir dira si cette transformation est un bien véritable.

(1) LA TOUR-VARAN, *Chroniques des châteaux et des abbayes du Forez*, tome I, page 161.

(2) On appelait ainsi une sorte de *roue* sur laquelle on faisait brûler des cierges en l'honneur d'un saint ou d'une sainte. — *Archives dép. de la Loire*, tome II, page 202.

Caloire.

La petite commune de Caloire, dont le nom s'écrivait autrefois Ça-Loire, — en deçà Loire, — est située sur la rive gauche du fleuve et doit son nom à sa situation. Créée en 1789, elle continua à faire partie de la paroisse de Saint-Paul-en-Cornillon dont elle dépendait auparavant. En 1792, lors de la création de la garde nationale, la commune de Saint-Paul-en-Cornillon forma deux compagnies : la première dite de Saint-Paul et de Ça-Loire (1) et la seconde de Cornillon ; car ce ne fut que plus tard que Ça-Loire forma une commune proprement dite.

Ancienne dépendance de la baronnie de Cornillon, le territoire de Ça-Loire est encore aujourd'hui circonscrit entre le fleuve et les limites de la baronnie. Ces limites sont formées, du côté du Nord, par une ligne idéale qui suit le faîte des collines au bas desquelles se trouve le profond ravin des Rivols.

Cette ligne de démarcation, inclinée du Nord-Est au Sud-Ouest, sépare Caloire de Chambles. Du côté de Saint-Maurice-en-Gourgois, les limites ne sont pas plus marquées ; car elles suivent une ligne imaginaire à travers vaux et montagnes, sans autre point de repère qu'un chemin vicinal. Du côté du Sud, la ligne de séparation descend brusquement vers la Loire pour

---

(1) La séparation eut lieu le 26 février 1792. Les gardes nationaux de la compagnie de *Saint-Paul* et *Caloire* élurent pour capitaine Jean Garronaire, pour lieutenant C. Georgeait, pour sous-lieutenants C. Colly et Jean Porte de *Fontclause*. La compagnie de *Cornillon, Semène* et *Les Girards*, nomma capitaine Claude Chauvin *des Girards*, lieutenant P. Georgeait et sous-lieutenants Benoît Barret, *des Girards* et Blaise Dussause de *Cornillon*. — *Procès-verbaux des séances de la municipalité de Firminy*, en 1792.

joindre ce fleuve au ravin de Gourgois, au lieu dit chez Milamant, en face du village de Saint-Paul-en-Cornillon.

Le territoire de Caloire, qui occupe une superficie de 469 hectares 60 ares, est hérissé de montagnes. Il est surtout allongé du Nord au Sud ; car il forme de ce côté les berges de la Loire ; de telle sorte que la commune tout entière est inclinée vers le fleuve. Des ravins profonds le sillonnent en tous sens, si bien qu'il est assez difficile d'établir une altitude moyenne (1). Le lit du fleuve varie entre 438 et 460 mètres et le point culminant, situé au-dessus de Fontclause, atteint 776 mètres.

Les habitants de Caloire s'adonnent exclusivement à l'agriculture, mais le terroir est maigre et stérile.

Il n'y a sur le territoire de Caloire aucune agglomération importante. Dans la partie septentrionale, les principaux hameaux sont ceux de la Roche et de France ; ceux de Vareilles, des Brayes et de Fontclause occupent le centre ; celui de Curcieux, un des plus importants, est enserré dans une presqu'île de la Loire formant la partie sud du territoire de la commnne.

Depuis la Révolution la population de Caloire a bien diminué ; car là, comme dans les campagnes voisines, l'émigration vers les villes a été constante et progressive et Caloire, qui en 1809 comptait 287 habitants, n'en compte plus aujourd'hui que 189.

---

(1) L'*Annuaire de la Loire* l'établit à 540 mètres.

ARMES

DES

Familles qui ont possédé le château de Cornillon

Baudiner. — D,.. au chef d... chargé de 3 fleurs de lys d..., sceau de 1314 (a s).

Poitiers. — D'azur à six besans d'argent posés 3, 2, 1 au chef d'or.

Crussol. — Fascé d'or et de sinople de six pièces.

Laire . — D'argent au lion de gueules.

Lévis–Ventadour. — Ecartelé au 1er et 4e d'or à trois chevrons de sable, qui est Lévis ; aux 2e et 3e, échiqueté d'or et de gueules, qui est Ventadour.

Fay-Pollin. — De gueules à trois fleurs de lys d'or, partie échiquetée d'argent et de sable.

Nérestang. — D'or à trois bandes de gueules, celle du milieu chargée de trois étoiles fixes du champ.

Jacquier. — D'azur à la fasce d'argent chargée de trois corneilles de sable. (Armes parlantes de Cornillon que *Jean Jacquier* s'était attribuées.)

Bénéon. — D'azur à la fasce d'argent accompagnée de trois étoiles d'or, deux en chef et une en pointe.

TABLE DES MATIÈRES

TABLE DES MATIÈRES

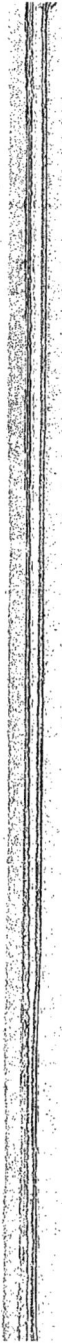

St-Etienne, Société de l'imp. THÉOLIER — J. THOMAS & Cⁱᵉ — rue Gérentet, 12

www.ingramcontent.com/pod-product-compliance
Lightning Source LLC
Chambersburg PA
CBHW070631100426
42744CB00006B/647